Hermann Mahnke
Glaube im Gespräch

ctb calwer taschenbibliothek 77

Hermann Mahnke

Glaube im Gespräch

Eine Einführung in die Grundaussagen der Bibel

Calwer Verlag Stuttgart

Quellenverzeichnis

1. Gebet (S.5–6): stark gekürzte und überarbeitete Fassung des „Gebets einer Mutter im Alltag" von E. Baden.
2. Neufassung von Ps 8 (S.43): aus: „Aktion Gottesdienst I" hg. von U. Seidel und D. Zils, Jugenddienst-Verlag, Wuppertal / Verlag Haus Altenberg, Düsseldorf 1970.
3. Gebet (S.115): aus China.
4. Geschichte von Sultan und Tod (S.132–133): Verfasser unbekannt; stark veränderte Fassung einer amerikanischen Vorlage.
5. Brief (S.151–152): aus: „Ich liebte ein Mädchen. Ein Briefwechsel" hg. von W. Trobisch, Verlag Vandenhoeck & Ruprecht, Göttingen / Verlag Styria, Graz 1980[12] S.9–10.

Sämtliche *Schaubilder und Abbildungen* stammen vom Verfasser (alle Rechte bei ihm). Lediglich das Auferstehungssymbol von S.95 und S.128 wurde den „Druckfertigen graphischen Vorlagen" Band III des Evangelischen Werbedienstes, Stuttgart 1983 S.89 entnommen.

Die Deutsche Bibliothek – CIP-Einheitsaufnahme

Mahnke, Hermann:
Glaube im Gespräch: eine Einführung in die Grundaussagen der Bibel / Hermann Mahnke. – Stuttgart: Calwer Verl., 1999
  (Calwer Taschenbibliothek; 77)

ISBN 3–7668–3618–8

Satz: Hermann Mahnke
Umschlaggestaltung: ES Typo-Graphic, Stuttgart, unter Verwendung des Bildes »Das Gesicht des Friedens« von Pablo Picasso
© Succession Picasso / VG Bild-Kunst, Bonn 1998
Druck und Verarbeitung: Gutmann + Co., 74388 Talheim

Inhalt

IV. Ich glaube an den Heiligen Geist

V. Leben im Geiste Jesu mit Hilfe der Zehn Gebote

Vorwort: „Glaube im Gespräch"

Über den christlichen Glauben wird vornehmlich in Gruppen gesprochen, die Glaubensfragen thematisieren, sei es im Rahmen der Kirchengemeinde oder in Hauskreisen. Das *Gespräch über den Glauben* bedarf allerdings einer Grundlage: der Bibel. Denn die Bibel ist die „Quelle unseres Glaubens". Sie lässt uns an Erfahrungen teilhaben, die Menschen in Jahrtausenden mit Gott und Christus gemacht haben. Um die Bibel richtig zu verstehen, bedarf es notwendiger Informationen, damit ihre Aussagen erfasst und angemessen auf unser Leben übertragen werden können. Das Buch „Glaube im Gespräch" will mit seinen Ausführungen das Nachdenken über Glaubensfragen unterstützen.

Abschnitt I arbeitet heraus, dass sich der christliche *Glaube im Gespräch* vollzieht: Wir sprechen mit Gott – Gott spricht mit uns. Die Unterthemen „Gebet", „Bibel" und „Gottesdienst" führen das aus.

Mit Hilfe biblischer Texte erläutern die *Abschnitte II–IV* die drei Artikel des apostolischen Glaubensbekenntnisses: Gott der Schöpfer – Jesus Christus – Heiliger Geist.

Danach behandelt *Abschnitt V* die 10 Gebote; denn die Beschäftigung mit dem christlichen Glauben (Abschnitte I–IV) soll zu einem von der Gottes- und Nächstenliebe bestimmten Verhalten führen.

Wir leben in einer Zeit, in der das Wissen um biblisch-christliche Inhalte schwindet. Darum sind viele Menschen in Glaubensfragen unsicher und „sprachlos". Dennoch ist das Bedürfnis nach Orientierung in Glaubensangelegenheiten verbreiteter, als es in der Kirche wahrgenommen wird. Das Buch „Glaube im Gespräch" wurde für Menschen geschrieben, die für Glaubensfragen offen sind, nach Orientierung suchen und/oder ihre Glaubenserkenntnis vertiefen möchten. Das Buch vermittelt *elementare Kenntnisse* des christlichen Glaubens; es ist darum einfach und verständlich abgefasst. Zahlreiche Abbildungen, Beispiele und Geschichten tragen zur Anschaulichkeit bei. Innerhalb des Textes der einzelnen Seiten dieses Buches ist durch Pfeile (z.B. ⇨) stets kenntlich gemacht, auf welchen Abschnitt der Seite sich die jeweilige Abbildung bezieht.

Menschen, die an Glaubensfragen interessiert sind – seien sie in der Kirche engagiert oder nicht –, treten beim Lesen des Buches in ein Gespräch mit dem Verfasser über den christlichen Glauben ein. Gesprächs- und Hauskreisen dienen die einzelnen Abschnitte des Buches als Gesprächsgrundlage.

Pfarrerinnen und Pfarrer seien darauf hingewiesen, dass das Buch „Glaube im Gespräch" die Grundlage des halbjährigen *Gemeindeseminars „Glaube im Gespräch"* ist. Die Arbeitsmaterialien dafür können z.b. beim Verfasser (P. Dr. Hermann Mahnke, An der Bundesstr. 44, 37520 Osterode, ☎ 05552/7566 – Fax: 05552/995491) bestellt werden.

Sofern nicht ausdrücklich anders angegeben, sind die *wörtlichen Bibelzitate* der revidierten Fassung der Lutherbibel von 1984 entnommen. Auch die Abkürzungen der biblischen Bücher richten sich nach dieser Bibel.

Frau Monika Schmidt (Schwiegershausen) sowie Ute und Hans-Albert Marg (Herzberg) danke ich für ihre hilfreichen Korrekturvorschläge. Werner Prieß (Garssen) sei für einige Abbildungen gedankt, die er mit seinem Computer ausführte.

Hermann Mahnke

I. Glauben heißt: Wir sind mit Gott im Gespräch

1. Glaubende suchen das Gespräch mit Gott

a) Ohne Gespräch können Menschen kein gutes Verhältnis zueinander haben

■ Hanna ist mit ihrer Arbeitskollegin Stephanie befreundet. Beide haben sich verabredet, am Samstagnachmittag ab 16.00 Uhr etwas gemeinsam zu unternehmen. Sie wollen sich am Busbahnhof in der Stadt treffen. Pünktlich sind beide zur Stelle, gehen aufeinander zu, begrüßen sich und beratschlagen, was sie jetzt miteinander unternehmen könnten. *Menschen, die sich verstehen und einander vertrauen, reden miteinander* (⇩).

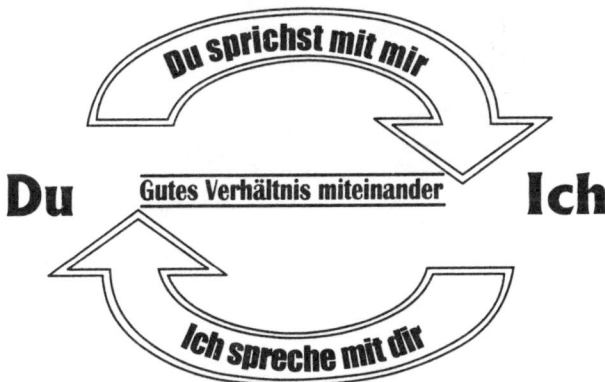

■ In einem Altenwohnheim leben zwei ältere Damen, die sich nicht leiden können. Beide treffen sich beim Einkaufen im Supermarkt. Wortlos gehen sie aneinander vorüber. *Menschen, die nichts miteinander zu tun haben wollen, gehen einander aus dem Wege. Sie sprechen nicht miteinander.*
■ Das Ehepaar Becker ist seit fünf Jahren verheiratet. Beide Ehepartner sind berufstätig. Eines Tages regt sich Frau Becker darüber auf, dass sie im Haushalt fast alles allein machen muss. Darüber kommt es zum Ehestreit. Nach-

dem einige Stunden verstrichen sind, geht Herr Becker auf seine Frau zu und bespricht mit ihr die strittige Angelegenheit in Ruhe. Sie denken gemeinsam darüber nach, wie Herr Becker seine Frau entlasten kann. *Menschen, die sich streiten, haben es besonders nötig, wieder miteinander zu sprechen, damit sie einander näherkommen und sich wieder verstehen.*

Das Schaubild (⇦ S.1) macht deutlich, dass das gute Verhältnis zwischen zwei Menschen vom Gespräch lebt. Im Gespräch teilen wir einander mit, was uns bewegt, worüber wir uns freuen, was uns ärgert und was uns Sorgen macht.

b) Ohne Gespräch können wir Menschen kein gutes Verhältnis zu Gott haben

Menschen haben nur dann ein gutes Verhältnis zueinander, wenn sie miteinander sprechen. Was nun für die Beziehung zwischen Menschen gilt, das gilt auch für unsere Beziehung zu Gott. Gott will unser Freund sein. Er will uns durch unser Leben begleiten. Wir dürfen ihm vertrauen, an ihn glauben. Unser gutes Verhältnis zu Gott beruht darauf, dass zwischen Gott und uns ein ununterbrochenes Gespräch stattfindet.

Das Schaubild (⇧) macht uns deutlich, wie eine lebendige Beziehung zu Gott aussieht: Gott ist der Gott und Herr des Menschen, der an ihn glaubt. Wer an Gott glaubt, der wird von sich aus mit Gott sprechen = beten. Er wird aber auch Gott zu sich sprechen lassen = auf Gottes

Wort achten, wie wir es in der Bibel lesen und im Gottesdienst hören können. Unser Glaube lebt also vom Gespräch: Gott redet mit uns und wir reden mit Gott. Wer Gott aus dem Weg geht, wer nicht auf sein Wort hört und nicht mit ihm spricht, der kann kein gutes Verhältnis zu Gott haben. Er wird Glaubensschwierigkeiten haben. Er wird mit Gott nichts anfangen können.

Viele Menschen reden wohl im Gebet zu Gott, aber sie lassen Gott in ihrem Leben nicht zu Wort kommen. Weder lesen sie die Bibel, noch besuchen sie den Gottesdienst, in dem Gott sie durch die Predigt ansprechen möchte. Können zwei Menschen ein gutes Verhältnis miteinander haben, wenn einer von ihnen das Gespräch wie eine Einbahnstraße benutzt, auf den anderen einredet, ihn selbst aber nie zu Wort kommen lässt? Kann das Verhältnis eines Menschen zu Gott gesund sein, wenn der Mensch zwar im Gebet zu Gott spricht, aber Gottes Wort in seinem Leben keinen Raum gibt? Welchen Sinn macht es, Gott den „Herrn" zu nennen, wenn man sich von ihm nichts sagen lässt? Wie soll mein Glaube an Gott wachsen und gestärkt werden, wenn Gott meinen Glauben nicht durch sein Wort anregen kann?

Wir wollen in den folgenden Abschnitten die beiden „Pfeiler" betrachten, auf denen das lebendige Glaubensverhältnis von uns Menschen zu Gott beruht: das Gebet und das Wort Gottes (Bibel).

EINE FRAGE ZUM NACHDENKEN:

In einem persönlichen Gespräch äußert ein Mensch, dass er mit dem Glauben an Gott wenig anfangen kann. Es stellt sich heraus, dass er sich viele Gedanken über Gott macht und ein „Suchender" ist. Können wir ihm Hinweise geben, die ihm helfen könnten, den Weg in Gottes Gemeinschaft zu finden?

WEITERE WICHTIGE BIBELSTELLEN ZUM THEMA:

- *Beten:* 1.Mose 18,16–33; Ps 5,2–4; 66,20; Lk 11,1–13; Röm 12,12.
- *Wort Gottes:* 2.Mose 24,7; 1.Sam 3,10; Ps 81,12; Jes 55,10–11; Jer 7,23; 23,29; Mi 6,8; Mt 4,4; Lk 8,4–15.21; 11,28; Joh 15,15; Röm 10,17; Hebr 1,1–2a; 3,7–8a; 4,12.

2. Das Gebet

a) Beten heißt: Wir besprechen unser Leben mit Gott

Wir sprechen mit Gott: Wir haben gesehen: Wir Menschen können kein gutes Verhältnis zu Gott haben, ohne dass zwischen Gott und uns ein ständiges Gespräch stattfindet. – Unsere Gebete wenden sich an den *allwissenden Gott,* der unsere Bitten und Anliegen kennt, bevor wir sie vor ihm aussprechen. Jesus sagt: „Euer (himmlischer) Vater weiß, was ihr bedürft, bevor ihr ihn bittet" (Mt 6,8). Dennoch hat er nicht darauf verzichtet, immer wieder selber zu Gott zu beten. Und er hat auch seine Jünger – uns Christen – das Beten gelehrt. Denn das Gebet stellt *die* Möglichkeit dar, wie wir Menschen *von uns aus* Kontakt mit Gott halten können. Gebet ist Vertrauenssache. Wir vertrauen Gott von uns aus an, was uns bedrückt oder Freude macht.

Wir sprechen mit Gott, unserem himmlischen Vater: Jesus hatte 12 Jünger erwählt, mit denen er durch das jüdische Land zog. Diese Jünger – gebürtige Juden – waren es von ihrer Erziehung her gewohnt, Gott mit großem Respekt zu begegnen. Er war ja der Schöpfer des Alls und der Erde, der allmächtige Herr der Welt und der Menschen, vor dem sich jedermann zu verantworten hatte. Wenn die Jünger beteten, taten sie es in ehrfürchtiger Scheu: „Allmächtiger Gott und Herr". Als die Jünger einige Zeit mit Jesus durch das Land gezogen waren, entdeckten sie, dass er ein *viel innigeres Verhältnis zu Gott* hatte als sie. Jesus predigte nicht nur, dass der allmächtige Schöpfer uns Menschen liebt wie ein Vater seine Kinder, sondern er verhielt sich selber Gott gegenüber so, wie sich ein Sohn seinem Vater gegenüber verhält, der mit ihm in vertrauensvollem Einvernehmen lebt.
In seinen Gebeten wandte sich Jesus stets an Gott mit der vertraulichen Anrede „Abba, mein Vater" (M 14,36). Mit „Abba" – das Wort entspricht unserem Wort „Papa" – reden die kleinen israelitischen Kinder ihre Väter an. Wenn Jesus Gott mit „Abba" anredete, dann wurde den Jüngern seine enge, unverkrampfte und persönliche Beziehung zu Gott offenbar. So kam in ihnen der Wunsch auf, in ein ähnlich vertrauensvolles Verhältnis zu Gott hineinzuwachsen, wie Jesus es ihnen vorlebte. Davon berichtet Lk 11,1: Eines Tages betete Jesus.

Die Jünger bekamen das mit. Da bat ihn einer der Jünger: „Herr, lehre uns beten." Jesus lehrte seine Jünger daraufhin das Gebet, das wir das „*Vaterunser*" nennen (Lk 11,2–4). Die Jünger – und auch wir – dürfen zu Gott dem Herrn ein so vertrautes, inniges Verhältnis haben wie Jesus selbst. Wir dürfen im Gebet mit Gott sprechen, wie ein Kind mit seinem Vater spricht, zu dem es Vertrauen hat. Wir dürfen Gott alles sagen, was wir auf dem Herzen haben.

Wir können Gott alles sagen: Gemeinsam beten wir das „Vaterunser", etwa im Gottesdienst. Sehr unterschiedlich können unsere persönlichen Gebete aussehen. Das Gebet eines Kindes, dessen Mutter im Krankenhaus liegt, wird ganz anders lauten als das eines Mannes, der gerade Vater geworden ist. Das Gebet eines Menschen im Urlaub wird sich von dem eines Firmenchefs unterscheiden, der die wirtschaftliche Entwicklung seines Unternehmens mit Sorgen betrachtet. Im folgenden finden wir das *Gebet einer Mutter im Alltag*[1]. Sie hatte gerade eine Auseinandersetzung mit ihrem Sohn Michael. Dabei hat sie ihn angeschrien. Ihren Kummer über ihr nervöses Verhalten spricht sie im Gebet vor Gott aus. Im Gebet wird sie sich über ihre Probleme klarer. Ihr Ärger über Michaels Verhalten verfliegt dabei. Dieses Gebet zeigt uns, dass *das Beten selber* bereits eine Hilfe Gottes für unser Leben ist: im Gebet werden wir ruhiger und besonnener.

„Vater, ich danke dir, dass du Zeit für mich hast. Jetzt muss ich mit dir reden! Ich bin heute einfach am Boden zerstört. Ich komme nicht zurecht mit den Kindern. Ich habe sie wieder angeschrien. Du hast Großes riskiert, als du meinem Mann und mir drei Kinder anvertraut hast. Lehre uns, die Kinder besser zu verstehen, und schenke uns, was wir brauchen: Liebe, Geduld, Hoffnung, Humor! – 'Uns' habe ich gesagt. Aber eigentlich müsste ich sagen: 'mir'. Mein Mann ist fast nie da, wenn es brenzlig wird. Aber allein kann ich auch nicht fertig werden. Väter sind doch auch Eltern. Hilf ihm, dass er das merkt. Hilf uns beiden, dass unsere Gemeinschaft lebendig bleibt. Vater, wenn ich es recht bedenke: meine innere Unruhe und meine schnellen Fehlreaktionen kommen eigentlich auch nicht von den Kindern allein oder von der vielen Arbeit. Das wäre schon zu bewältigen. Wenn ich nur nicht so viel an früher denken müsste! Du weißt: Ich habe meinen Beruf geliebt – aber als die richtige Liebe kam, habe ich ihn mit Lachen aufgegeben. Nun fehlt er mir. Als Hausfrau fühle ich mich eingesperrt in lauter Pflichten, von denen die Menschen nur dann etwas merken, wenn ich sie nicht erfülle.

Ach, eigentlich war der Michael vorhin doch wonnig in seinem Zorn – und noch wonniger ist er, wie er mich jetzt anschaut. Gleich wird er kommen und sagen: 'Wollen wir uns wieder vertragen?' Morgen wird es wieder dasselbe sein. Aber vielleicht regnet es morgen nicht – vielleicht habe ich morgen besser geschlafen – vielleicht hat mein Mann mir morgen mehr gute Worte gesagt – vielleicht spüre ich morgen deine Hilfe!

Du hast gesagt: 'Ich will dich segnen, und du sollst ein Segen sein.' Ich möchte ein Segen sein. Segne mich, Vater. Amen."

b) Dein Wille geschehe

Erhört Gott alle Gebete? Gott *hört* wohl alle Gebete, aber er *erhört* nicht alle Gebete. Gott ist nicht der Erfüllungsgehilfe meiner Wünsche. Manchmal erfüllt Gott mir einen Wunsch vielleicht deswegen nicht, weil die Verwirklichung dieses Wunsches nicht gut für mich wäre. Jeder Mensch, der das Gespräch mit Gott pflegt und betet, bespricht mit ihm seine kleinen oder großen Anliegen, die er auf dem Herzen hat. In einer Stadt beten an demselben Abend zwei Menschen:

Junge: „Lieber Gott, ich habe einen schönen Schlitten zu Weihnachten geschenkt bekommen und kann ihn nicht benutzen. Lass es doch bitte die ganze Nacht über schneien, damit ich wenigstens morgen an meinem letzten Ferientag Schlitten fahren kann. Amen."

Alte Dame: „Herr, ich danke dir, dass ich jeden Tag aus dem Hause kann, weil noch kein Schnee auf den Straßen liegt. Nun ist mein Bruder krank geworden. Er braucht meine Hilfe. Morgen möchte ich ihn besuchen. Bewahre uns doch vor Schneefall, dass ich ohne Sorgen zu ihm gehen kann. Amen."

Das Beispiel zeigt, dass Gott entweder das Gebet des Jungen oder das Gebet der alten Dame erhören kann. Auf beide Gebete wird Gott aber hören, das heißt, er wird für sie Verständnis haben. Wie Gott dann beiden Betern „antwortet", das ist *seine* Sache. Darüber brauchen wir Menschen uns nicht den Kopf zu zerbrechen.

Beten kommt von bitten, nicht von fordern: Wie Kinder ihre Eltern um etwas bitten, so *bitten* wir Gott um das, was wir auf dem Herzen haben. Dabei kommt es auf die *innere Haltung* beim Beten an. *Bitten heißt nicht fordern!* Gott treten wir Menschen nicht fordernd, sondern bittend gegenüber. Denn Beten heißt: Ich bespreche mein Leben mit allem, was dazugehört, mit Gott. Ich vertraue darauf, dass Gott mein Gebet ernst nimmt, wie ein liebevoller Vater Bitten und Gedanken seines Kindes ernst nimmt. Ich nenne Gott meine Anliegen, aber ich achte auch *Gottes Freiheit*: Ich bitte, ich fordere nicht. Ich wünsche, aber ich erniedrige Gott nicht zum Erfüllungsgehilfen meiner Wünsche. Ich freue mich, wenn ich mit Gott durch das Gebet verbunden bleibe. Ich freue mich, wenn er mein Gebet so erhört, dass ich es merken kann. Aber ich bin mir auch stets bewusst: Ich bin ein Mensch – und Gott ist Gott. Ich bete aus meinem menschlichen Blickwinkel heraus – Gott aber sieht in seiner Allwissenheit mehr als ich. Nicht alles, was ich von Gott erbitte und erwünsche, ist auch gut für mich oder für andere. Wichtig ist: Ich kann Gott alles sagen, ich kann ihn vieles bitten, aber ich überlasse es *seinem guten Willen*, wie er auf mein Gebet antwortet: „Dein Wille geschehe".

Gottes Willen anzunehmen ist nicht immer leicht: Es gibt Zeiten und Situationen, in denen es uns ausgesprochen schwer fällt, mit Gott zu sprechen, weil sein Weg mit uns unserem Denken, Fühlen und Wollen total entgegengesetzt ist. Jesus hat uns im „Vaterunser" ja die Bitte *„Dein Wille geschehe"* gelehrt. Doch auch er hatte es nicht immer leicht, Gottes Willen zu akzeptieren:
Als Jesus nach Jerusalem kam, wusste er, dass seine Feinde nur auf eine Gelegenheit warteten, ihn zu töten. Kein Mensch stirbt gerne. Auch Jesus wollte nicht sterben. Als er seine Todesstunde nahe herbeigekommen sah, redete er mit Gott im Gebet voller Verzweiflung und Todesangst: „Mein Vater, ist es möglich, so gehe dieser Kelch (Bild für einen mit Gift gefüllten Becher, der den Tod bringt) an mir vorüber. Doch nicht wie ich will, sondern wie du willst" (Mt 26,39. 42.44). Durch dieses *Gebet* im Garten Gethsemane erhielt Jesus die Kraft, seinen Willen in Gottes Willen einzuordnen.

Eltern bitten Gott um Genesung für ihr todkrankes Kind. Gott erhört ihr Gebet nicht. Das Kind stirbt. Wenn diese Eltern es gewohnt sind, im Gebet ständig mit Gott zu sprechen, dann werden sie es auch weiterhin tun. Sie werden ihre Trauer um ihr geliebtes Kind im Gebet vor Gott zum Ausdruck bringen. Sie werden vor Gott weinen und klagen und dabei im Laufe der Zeit Trost und neue Hoffnung gewinnen – eben durch das Gebet.

c) Hilfen zum persönlichen Gebet

Beten – wie macht man das? Viele Menschen schließen beim Beten die Augen, damit sie sich voll auf Gott konzentrieren können. Sie halten die Hände gefaltet, damit ihre Hände sie nicht beim Gebet ablenken. Sie senken beim Beten ihren Kopf, um ihre demütig-bittende Haltung gegenüber dem allmächtigen Gott zum Ausdruck zu bringen. Manche Menschen knien aus diesem Grund zum Gebet auch nieder. Es gibt noch andere Gebetshaltungen. Jeder Beter kann in der Haltung beten, die ihm angemessen erscheint.

Der Dreiklang des Gebets: Dank – Bitte – Fürbitte:

● *Dank:* Es fällt uns nicht schwer, Gott unsere Bitten und Wünsche mitzuteilen. Aber wir vergessen leicht, ihm für alles zu danken, womit er unser Leben schön macht und bereichert. Doch ist das Dankgebet *notwendig*:

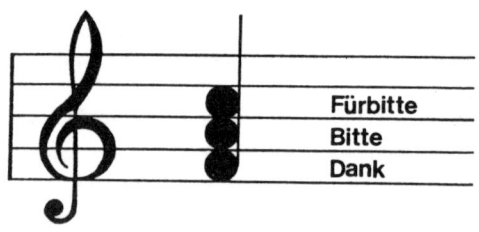

Im Dankgebet machen wir uns bewusst, wie gut Gott es mit uns meint. Und wir sagen ihm das. Wer sein Leben dankbar aus Gottes Hand nimmt, der wird ein fröhlicher, zufriedener Mensch. Das ist der Lohn des Dankgebets. Eine intensive Form des Dankgebets ist der anbetende Lobpreis Gottes. Eine Sonderform des Dankgebets ist das *Tischgebet*: Wir danken Gott, dass er uns „unser tägliches Brot heute gibt". Ein bekanntes Tischgebet ist dieses: „Alle guten Gaben, alles was wir haben, kommt, o Gott, von dir, wir danken dir dafür. Amen." Die Sitte des Tischgebets kommt bei uns immer mehr aus dem Gebrauch, wohl ein Zeichen dafür, dass viele Menschen die *Gnade des Selbstverständlichen* nicht würdigen können. Wer aber hinter allem, was uns am Leben erhält, Gott, den Geber aller Gaben erkennt, der wird mit den Anfangsworten des 103. Psalms immer wieder bekennen: „Lobe den HERRN, meine Seele, und vergiss nicht, was er dir Gutes getan hat".

● *Bitte:* Jeder von uns hat Wünsche, die er Gott nennen kann, oder Probleme, die er mit Gott besprechen möchte. Wir können Gott auch ganz allgemein um seinen Segen bitten, dass unser Leben gelingt: im Zusammenleben mit unseren Eltern, Geschwistern und Freunden, in der Ausbildung, im Beruf, in der Ehe und im Verhältnis zu unseren Kindern. Wir können Gott immer wieder um die Erhaltung des Friedens in der Welt bitten, dass er uns vor Krieg bewahrt und dass das soziale Klima in unserem Land gefördert wird.

● *Fürbitte:* Wir leben nicht allein, sondern zusammen mit vielen anderen Menschen. Und dabei erfahren wir einiges von deren Problemen und Nöten. Wir erleben in unserer Familie Streit und Unfrieden. Freunde oder nahe Angehörige werden krank. Radio, Zeitung und Fernsehen berichten uns von Kriegs- und Katastrophenopfern. Wir hören von Millionen Menschen, die hungern müssen. Wenn wir uns den Problemen und Schwierigkeiten anderer Menschen öffnen, dann ist es uns ein Bedürfnis, *für* ihre Not zu *beten,* d.h. Für-bitte zu tun. – Wenn uns die Not anderer wirklich nahegeht, dann werden wir übrigens nicht nur die Hände zum Gebet für sie falten, sondern auch „die Ärmel hochkrempeln" und nach Vermögen etwas gegen ihre Not tun: Wir können z.B. Kranke besuchen, an den Rollstuhl gebundene Menschen ausfahren, mit alten Menschen spazierengehen, Geld für Katastrophenopfer spenden oder uns für Menschen einsetzen, die ungerecht behandelt werden.

Beten kann man einüben: Danken für das, was meinen Tag schön gemacht hat – *Bitten* um das, was mir für mich nötig erscheint – *Fürbitte halten* für die, die Gottes (und meine) Hilfe brauchen: Es ist gut, diesen Dreiklang des Gebets *einzuüben* und täglich – etwa nach dem Aufstehen und/oder vor dem Einschlafen – den Tag mit Gott zu besprechen: zu danken, zu bitten und für andere zu beten. Wer den Dreiklang des Gebets eingeübt hat, der wird den Segen des Gebets im täglichen Leben erfahren. *Martin Luther* sagt: „Wie ein Schuster einen Schuh macht und ein Schneider einen Rock, also soll ein Christ beten. Eines Christen Handwerk ist Beten." Im NT werden alle Christen – die Anfänger im Beten wie auch die anderen – zum Gespräch mit Gott ermuntert. *Auch wir* können Gott immer wieder bitten: „Herr, lehre uns beten!" (Lk 11,1), damit unser Gespräch mit Gott echt und lebendig bleibt. Denn es gibt Situationen, wo unser Gebet „hohl" wird, wo wir nur pflichtgemäß, aber nicht von Herzen beten.

„Klopft an, so wird euch aufgetan" (Mt 7,7): Viele Menschen haben das Beten als Kinder von ihren Eltern gelernt. Vor dem Schlafengehen wurde gemeinsam gebetet. So sind viele Menschen vom Anfang ihres Lebens an auf ganz natürliche Weise in ein Vertrauensverhältnis zu Gott hineingewachsen, in dem das Gebet ganz selbstverständlich zu ihrem Leben dazugehört. Wo das nicht geschehen ist, da

muss mancher das Gespräch mit Gott erst nach und nach lernen. So wie Nicola. Sie ist in der ehemaligen DDR groß geworden. In ihrem Elternhaus spielte der christliche Glaube und entsprechend auch das Gebet keine Rolle. Nun hat sie Menschen kennengelernt, die aus dem christlichen Glauben leben und mit ihr darüber sprechen. Nach einem solchen Gespräch betet Nicola zu Hause, als sie wieder allein ist:

„Gott, ich komme mir komisch vor, wenn ich zu dir spreche. Ich weiß gar nicht, ob es dich gibt. Ich habe das Gefühl, dass mein Gebet nicht aus diesem Zimmer herauskommt. Gott, wenn es dich wirklich gibt, dann lass mich das doch spüren. Mir fällt es so schwer, an dich zu glauben. Vielleicht will ich es auch gar nicht. Bislang bin ich auch ohne dich zurechtgekommen. Aber richtig glücklich war ich nie. Gott, wenn es dich wirklich gibt, dann hilf mir doch, dass ich nicht an dir zweifeln muss. Andere können zu dir beten. Wie schwer fällt es mir. Antworte mir doch. Amen.“

Zu einem späteren Zeitpunkt redet Nicola mit ihren christlichen Freunden über das Gebet und ihre Schwierigkeiten damit. Das Gespräch endet mit einem gemeinsamen Gebet, in dem die Freunde Nicolas Probleme mit Gott und dem Gebet vor Gott aussprechen und für sie beten. – Jesus ermuntert uns zum Gebet: „Bittet, so wird euch gegeben; suchet, so werdet ihr finden; klopft an, so wird euch aufgetan. Denn wer da bittet, der empfängt; und wer da sucht, der findet; und wer da anklopft, dem wird aufgetan“ (Mt 7,7–8). Gott wartet darauf, dass wir mit ihm sprechen. Gott hat uns bereits angerührt, wenn in uns der Wunsch wach wird, zu ihm zu beten. Wenn jemand auch vorsichtig anklopft wie Nicola, dann wird Gott die Tür öffnen und diesen suchenden Menschen in seine Gemeinschaft finden lassen.

EINE FRAGE ZUM NACHDENKEN:

Wir versetzen uns in die Lage eines Menschen, der beten möchte, aber Schwierigkeiten mit dem Gebet hat. Was können wir für ihn tun?

WEITERE WICHTIGE BIBELSTELLEN ZUM THEMA:

- *Beten:* s. die Stellenangaben am Ende von I Nr.1 S.3.
- *Kindliches Vertrauensverhältnis zu Gott:* Ps 23; Mt 6,25–34; 18,2–3; Joh 1,12; Röm 8,14–16.

- *Dein Wille geschehe:* Jes 55,8–9; Mk 3,35; Apg 21,14.
- *Dreiklang des Gebets:* 1.Tim 2,1; Kol 4,2–3a; Phil 4,6.
- *Dank:* Ps 50,23a; Eph 5,20; 1.Thess 5,16–18.
- *Bitte:* Ps 86,6–7; Mt 21,22; Joh 15,7.
- *Fürbitte:* Jer 29,7; Joh 17,9–26; Röm 15,30–32.
- *Anbetung/Lobpreis:* Neh 8,6; Ps 66,4; 103,1–5; Mt 2,2; Lk 2,13–14; Röm 16,25–27; 1.Kor 6,20; Offb 5,12; 14,7.

3. Das Wort Gottes: die Bibel

a) Die Bibel – eine Bibliothek mit 1000-jähriger Entstehungszeit

1000 Jahre und ein Buch: Der Name „Bibel" kommt vom griechischen „biblos" und bedeutet „Buch". Wenn wir die Bibel anschauen, sehen wir, dass sie *sehr umfangreich* ist. Sie unterscheidet sich von anderen Büchern allerdings dadurch, dass sie *nicht von einem einzigen Verfasser* stammt. Der Schriftsteller Fjodor Dostojewskij z.B. schrieb ein dickes Buch: „Die Brüder Karamasow". Die Bibel aber wurde von unzähligen Menschen verfasst. Dostojewskij hat an seinem Buch fast drei Jahre gearbeitet. Die Bibel aber ist in einem Zeitraum von über tausend Jahren entstanden. Die ältesten Stücke sind etwa um 1000 vor Christus [v. Chr.] aufgeschrieben worden, während die jüngsten um 100 bis maximal 130 nach Christus [n. Chr.] verfasst wurden. Vieles von dem, was uns die Bibel berichtet, stammt aus sehr viel älterer Zeit als der, in der es aufgeschrieben wurde.

■ *Ein alttestamentliches Beispiel:* Abraham (1.Mose 12–25) lebte um 1800/1500 v. Chr. Die Erzählungen von ihm wurden aber erst ab etwa 1000 v. Chr. aufgeschrieben. In der Zeit zwischen 1800/1500 und 1000 v. Chr. *erzählte* man sich die Geschichten von Abraham und seiner Frau Sara immer wieder (mündliche Überlieferung).
Da die meisten Menschen damals nicht lesen und schreiben konnten, hatten sie – anders als wir – ausgeprägtere Fähigkeiten zum Zuhören, Gehörtes im Gedächtnis zu behalten und es wortwörtlich weiterzuerzählen. So wurden die Geschichten von Abraham über Jahrhunderte

unverändert mündlich weitergegeben und in dieser Form ab 1000 v. Chr. aufgeschrieben. Daneben wurde aber weiterhin von Abraham erzählt, weil eben nur wenige lesen und schreiben konnten (⇩).

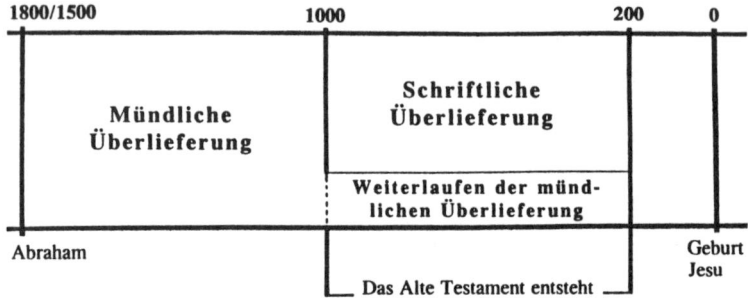

■ *Ein neutestamentliches Beispiel:* Bei der Abfassung der Evangelien, die von Jesus berichten, ist es nicht anders zugegangen als beim Alten Testament (⇩): Jesus wirkte etwa von 28/30 bis 30/32 n. Chr. Er unterwies seine Jünger mündlich. Nach seiner Kreuzigung und Auferstehung erzählten die Jünger seine Worte und Taten, seine Kreuzigung und Auferweckung durch Gott weiter. Das geschah *mündlich.* Erst zu einem späteren Zeitpunkt sammelte man z.B. wichtige *Worte* Jesu und schrieb sie in einer (später so genannten) „*Reden*quelle" auf.

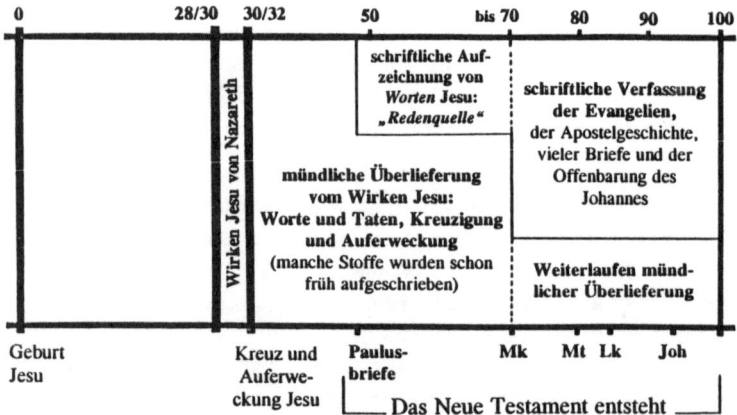

Etwa zwischen 64 und 70 n. Chr. hielt *Markus* viele Geschichten mit Worten und Taten Jesu in seinem *Evangelienbuch* schriftlich fest, damit sie nicht verlorengingen. Zwischen Kreuzigung und Auferweckung Jesu und dem Markusevangelium liegt also ein Zeitraum von etwa 35–40 Jahren, in dem vor allem mündlich berichtet und gepredigt wurde. Nach Markus haben dann *Matthäus, Lukas* und *Johannes* in ihren Evangelien aufbewahrt, was ihnen an mündlichen und schriftlichen Berichten über Jesus vorlag. Der Apostel *Paulus* schrieb seine Briefe übrigens *vor* der Verfassung der Evangelien!

Die Bibel ist eine ganze Bibliothek: Die Bibel besteht aus zwei großen Teilen: dem Alten [AT] und dem Neuen Testament [NT]. Das AT ist ungefähr dreimal so umfangreich wie das NT: In den über tausend Jahren schriftlicher Abfassungszeit der Bibel ist eine ganze *Bibliothek* entstanden. Das AT umfasst 39 Bücher (1. Buch Mose bis Prophet Maleachi). Das NT umfasst 27 Bücher (Matthäusevangelium bis Offenbarung des Johannes).

Wie wurde die Bibel aufgeschrieben? Wir haben die Bibel als gedrucktes Werk vor uns liegen, auf Papier geschrieben und als Buch zusammengebunden. Doch die Papiererzeugung ist eine Erfindung des 8. Jahrhunderts n. Chr., während die Kunst des Buchdruckens erst im 15. Jahrhundert n. Chr. entwickelt wurde. Wie haben die Menschen zur Zeit der Abfassung der Bibel – also von 1000 v. Chr. bis etwa 100 n. Chr. – geschrieben? Kleinere Nachrichten wurden mit Griffel oder Tinte auf *Tonscherben* geschrieben, längere Nachrichten mit Tinte auf *Papyrus*. Papyrus wurde aus dem Stengel der im Nil (Ägypten) wachsenden Papyrusstaude hergestellt. Längere Briefe, Geschichten oder ganze Bücher schrieb man mit Tinte auf *Schriftrollen* aus *Pergament* (= gleich große, aneinandergenähte *Leder*stücke) oder aus zusammengefügten Papyrusblättern. Schreiben konnten nur Leute, die für die „Schreibkunst" ausgebildet waren. Wer etwas zu schreiben hatte, ging zu einem *Schreiber* und diktierte ihm z.B. einen Brief. – Das alte Volk Israel sprach und schrieb *hebräisch*. Entsprechend ist das AT auf Hebräisch geschrieben. Die nachstehenden Worte (⇨ S.14) stammen aus Ps 119,105: „Dein Wort ist meines Fußes Leuchte und ein Licht auf meinem Wege":

נֵר־לְרַגְלִי דְבָרֶךָ וְאוֹר לִנְתִיבָתִי

In der jungen Kirche war *Griechisch* die Sprache, die die damalige Welt verband. Darum wurde das NT auf Griechisch geschrieben. Jesus sagt in Joh 5,24: „Wahrlich, wahrlich, ich sage euch: Wer mein Wort hört und glaubt dem, der mich gesandt hat, der hat das ewige Leben." In griechischer Sprache und Schrift sieht das so aus:

24 Ἀμὴν ἀμὴν λέγω ὑμῖν ὅτι ὁ τὸν λόγον μου ἀκούων καὶ πιστεύων τῷ πέμψαντί με ἔχει ζωὴν αἰώνιον, καὶ εἰς κρίσιν οὐκ ἔρχεται ἀλλὰ μεταβέβηκεν ἐκ τοῦ θανάτου εἰς τὴν ζωήν.

Die Entstehung der Evangelien: Jedem aufmerksamen Leser der vier Evangelien *Matthäus, Markus, Lukas* und *Johannes* fällt auf, dass sich die ersten drei Evangelien sehr ähneln, während das Johannesevangelium einen anderen Charakter hat. Die Evangelien des Matthäus, Markus und Lukas setzen sich wesentlich aus sehr vielen Einzelgeschichten und Sprüchen Jesu zusammen. Man erkennt das bereits beim Aufschlagen eines dieser Evangelien an den vielen Überschriften. Das Johannesevangelium enthält sehr viel breitere und ausführlichere Abschnitte, Geschichten und Reden Jesu.
Wer das Matthäus-, Markus- oder das Lukasevangelium im Vergleich liest, der entdeckt, dass diese Evangelien viele Geschichten oder Worte Jesu gemeinsam haben. Wenn man den Wortlaut einer bei Matthäus, Markus und Lukas begegnenden Geschichte oder eines Jesuswortes dann genau miteinander vergleicht, bemerkt man, dass sie teilweise Wort für Wort übereinstimmen, teilweise aber auch Unterschiede aufweisen. Ein einfaches Beispiel: Mt 20,29–34, Mk 10,46–52 und Lk 18,35–43 handeln von einer *Blindenheilung Jesu* in der Stadt Jericho. Neben vielen Übereinstimmungen sind es bei Matthäus z.B. zwei Blinde, bei Markus und Lukas nur einer, während allein Markus den Namen des Blinden (Bartimäus) mitteilt.
So nebensächlich solche Einzelheiten auch für das Gesamtverständnis der Geschichte von der Blindenheilung sind – wichtig ist, dass Jesus Menschen Gottes Heil vermittelt und darum zeichenhaft z.B. Blinde geheilt hat – , so werfen solche Unterschiede doch Fragen auf: Wie kam es zu Übereinstimmungen und Unterschieden innerhalb derselben Geschichte? Wie ist das Verhältnis der ersten drei einander recht ähnlichen Evangelien zueinander näher zu bestimmen? Warum hebt sich das Johannesevangelium – schon rein äußerlich betrachtet – von den ersten drei Evangelien ab? Die wissenschaftli-

che Erforschung der Bibel hat in den letzten 150 Jahren versucht, auf diese Fragen zu antworten. Die Gemeinsamkeiten und Unterschiede hängen mit der *Entstehungsgeschichte der Evangelien* zusammen. Gegenwärtig sind bei uns und weltweit die folgenden Erklärungsversuche die verbreitetsten und anerkanntesten:

Der Evangelist *Lukas* sagt gleich zu Beginn, wie sein Evangelium entstanden ist: „Viele haben es schon unternommen, Bericht zu geben von den Geschichten, die unter uns geschehen sind, wie uns das überliefert haben, die es von Anfang an selbst gesehen haben und Diener des Worts gewesen sind. So habe auch ich's für gut gehalten, nachdem ich alles von Anfang an sorgfältig erkundet habe, es für dich, hochgeehrter Theophilus, in guter Ordnung aufzuschreiben, damit du den sicheren Grund der Lehre erfahrest, in der du unterrichtet bist" (Lk 1,14). – Lukas war also nicht der erste, der ein Evangelium verfasste („Viele haben es schon unternommen ..."). Vor ihm war unter anderem schon der Evangelist Markus am Werk gewesen (s.u.). Lukas unterscheidet zwischen den *Augenzeugen der Worte und Taten Jesu* – sie wurden die ersten „Diener des Worts" – und sich selber. Lukas hat, wie wir es heute sagen würden, „genau recherchiert" („nachdem ich alles von Anfang an sorgfältig erkundet habe"). Als eigenständiger „Diener des Worts" verfasste dann Lukas seinen Bericht, um zu bezeugen, „was Jesus von Anfang an tat und lehrte" (Apg 1,1).

Aus diesen Angaben des Lukas erhalten wir wichtige Hinweise über die Entstehung der Evangelien: Sie gehen zurück auf gläubige Augenzeugen (z.B. Lk 24,36–48; Apg 5,32), von denen einige „Diener des Worts" wurden, also anderen Menschen weiterverkündigten und erzählten, was sie gehört, erlebt und nach der Auferweckung Jesu verstanden hatten (Apg 2,32; Mt 28,19– 20). Denn erst *nach* Ostern wurde den Jüngern die wahre Bedeutung Jesu richtig klar; vor Ostern verstanden sie seine Worte und sein Werk nur unzureichend (z.B. Lk 18,34; Joh 12,16).

Die Erscheinungen des von Gott auferweckten Christus (z.B. Lk 24,44–48) und die Ausrüstung der Jünger und der nachfolgenden Christen mit dem Heiligen Geist (z.B. Lk 24,49; Apg 1,8; 2; 5,32; Joh 20,21–22) führte nach Ostern und dem ersten Pfingstfest zu immer tieferer Erkenntnis der Bedeutung Jesu Christi (Joh 16,12–13). Diese Erkenntnis floss in die Überlieferung der Worte und Taten Jesu ein. Hatte man zunächst die Geschichten von Jesus nur mündlich überliefert, weil man annahm, dass der zu Gott erhöhte Christus schon bald auf die Erde zurückkommen und dann Gottes Reich offenbar machen würde (Mt 10,23; Lk 9,27; 1.Thess 4,15–18), so wurde nach einigen Jahrzehnten klar, dass mit der Wiederkunft Christi wohl nicht so bald zu rechnen sei (Mt 25,5: „der Bräutigam bleibt lange aus"). Jetzt machten sich schriftgelehrte Christen wie Matthäus, Markus und Lukas ans Werk, Geschichten von Jesus und seine Worte zu sammeln und in ihren Evangelien schriftlich festzuhalten. Vom *Geist Gottes* erfüllt (2.Petr 1,21; 2. Tim 3,14–16; Apg 5,32) schrieben sie ihre Evangelien *für ihre Leser und Hörer* in je unterschiedlicher Weise (⤻). Dabei entstanden Schriften, durch die Gott nun schon seit knapp 2000 Jahren weltweit in Menschen Glauben an Christus weckt.

Insgesamt kann man die Entstehung der ersten drei Evangelien noch viel genauer beschreiben. Im folgenden seien nur ein paar wichtige Hinweise gegeben: Dem *Evangelisten Markus* lag bereits ein *Bericht von Jesu Passion, Kreuzigung und Auferweckung* vor. Außerdem verfügte Markus über eine Reihe von *Geschichten*, die Worte und Taten aus der Zeit des öffentlichen Wirkens Jesu festhielten. Markus brachte sie in eine geographische und zeitliche Reihenfolge und setzte sie vor die Sammlung von Berichten über Jesu Leiden, Kreuzigung und Auferweckung. Auf diese Weise entstand das Markusevangelium, vermutlich in der Zeit vor 70 n. Chr. (70 n. Chr. zerstörten die Römer

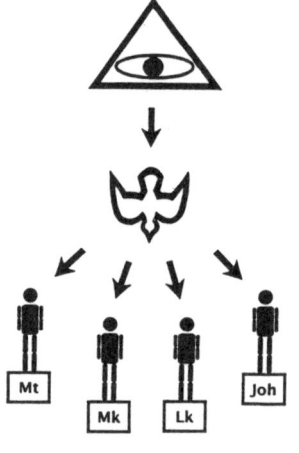

Jerusalem). Es gibt Dokumente aus späterer Zeit, denen zufolge das Markusevangelium in Rom entstanden sein soll. Doch das lässt sich vom Text des Evangeliums her nicht beweisen. Offensichtlich schrieb Markus sein Evangelium aber für Christen außerhalb Palästinas, weil er ihnen jüdische Gebräuche und Worte erläutern musste (z.B. Mk 7,3–4; 15,22.34).

Der *Evangelist Matthäus* machte sich etwas später daran, ein eigenes Evangelium zu schreiben. Auch er hat alte Quellen zur Verfügung, z.B. das *Markusevangelium*, dessen Text sich einigermaßen vollständig im Matthäusevangelium wiederfindet. Sodann benutzte Matthäus eine „*Redenquelle*", in der schon früh vor allem *Worte Jesu* schriftlich zusammengestellt waren, damit sie in ihrem ursprünglichen Wortlaut nicht verlorengingen. Weil Matthäus außerdem wesentlich mehr Jesusgeschichten als Markus kannte, fühlte er sich genötigt, ein neues Evangelium zu schreiben. Es ist doppelt so umfangreich wie das Markusevangelium. So hat Matthäus im Grunde ein stark erweitertes Markusevangelium verfasst, und zwar wohl für Christen im syrischen Raum. In der Gemeinde des Matthäus lebten viele gebürtige Juden, die Christen geworden waren. Sie waren mit dem AT vertraut. Ihnen – und auch den Juden, die Christus weiterhin ablehnten – bezeugt Matthäus mit seinem Evangelium, dass Jesus der von den Propheten im AT verheißene Messias ist (z.B. Mt 1,1; 1,21–23).

Der *Evangelist Lukas* verfasste nicht nur das Lukasevangelium (Lk 1,1–4), sondern auch die Apostelgeschichte (s. Apg 1,1–2). Beide Werke enthalten zeit- und kirchengeschichtliche Hinweise, die eine zeitliche Abfassung dieser Schriften gegen 90 n. Chr. nahelegen. Wie Matthäus benutzte auch Lukas das *Markusevangelium* und die *Redenquelle*. Darüber hinaus kannte er eine Menge anderer Geschichten, die er in seinem Evangelium unterbrachte (z.B. das Gleichnis vom verlorenen Sohn, das nur bei ihm vorkommt). Lukas schreibt für Christen, die ursprünglich Heiden waren. Über den Entstehungsort des Lukasevangeliums und der Apostelgeschichte lassen sich vom Text beider Werke her keine näheren Angaben machen.

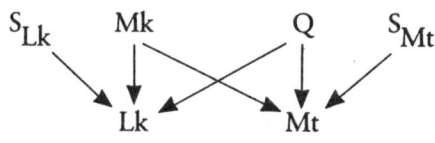

Das Schaubild (⇦) bringt folgendes zum Ausdruck: Das Markusevangelium (Mk) und die Redenquelle (Q: Abkürzung von „Quelle") sind in die Evangelien des Matthäus (Mt) und Lukas (Lk) eingegangen. Sowohl Matthäus wie auch Lukas bringen über das ihnen beiden Gemeinsame hinaus noch allerlei Stoff, der sich jeweils nur bei ihnen findet („Sondergut": S_{Lk} = Sondergut des Lukas, z.B. das Gleichnis vom barmherzigen Samariter – S_{Mt} = Sondergut des Matthäus, z.B. die Geschichte von den drei Weisen aus dem Morgenland).

Der *Evangelist Johannes* schrieb sein Evangelium etwa zwischen 90 und 100 n. Chr. Auch ihm lagen mündliche und schriftliche Überlieferungen von Jesu Worten und Taten vor. Vermutlich hat Johannes eines der ersten drei Evangelien – wahrscheinlich vom gottesdienstlichen Gebrauch her – gekannt. Die ihm zur Verfügung stehenden Überlieferungen lassen eine gute Kenntnis des Landes und der Orte Palästinas erkennen. Stärker als Matthäus, Markus und Lukas hebt Johannes hervor, welche *Bedeutung* der von Gott auferweckte und zu ihm erhöhte Jesus für die Menschheit und die an ihn Glaubenden hat (z.B. Joh 1,29; 3,16–18). Die einprägsamen „Ich-bin-Worte" Jesu des Johannesevangeliums bringen die Bedeutung Jesu für uns Menschen wie auch das gegenwärtige Wirken des zu Gott erhöhten Christus sehr anschaulich zum Ausdruck: Für euch bin ich „das Brot des Lebens" (Joh 6,35); für euch bin ich „das Licht der Welt" (Joh 8,12); für euch bin ich „die Tür", durch die ihr in Gottes Gemeinschaft tretet (Joh 10,9); für euch bin ich „der gute Hirte" (Joh 10,11); für euch bin ich „die Auferstehung und das Leben" (Joh 11,25); für euch bin ich „der Weg, die Wahrheit und das Leben" (Joh 14,6); für euch bin ich „der Weinstock, ihr seid die Reben" (Joh 15,5).

b) Wovon berichtet das Alte Testament?

Die Bibel besteht aus dem Alten und dem Neuen Testament. „Testament" heißt soviel wie „Bund". Das AT erzählt im Wesentlichen die Geschichte von *Gottes Bund mit seinem Volk Israel,* während das NT von einem *neuen Bund Gottes mit allen Menschen* berichtet, den Jesus Christus zwischen Gott und uns Menschen vermittelt hat.

Die ersten Kapitel der Bibel sprechen von Gottes „guter" Schöpfung (1.Mose 1,31). *Gott* erschuf die Welt und die Menschen *(1.Mose 1– 2).* Mit gleichnishaften Geschichten wird danach dargestellt, was wir täglich in unserem Glaubensleben und in dieser Welt erfahren können: dass das Verhältnis von uns Menschen zu Gott nicht in Ordnung ist. Dass wir Menschen von Gott nichts wissen wollen. Dass wir Gott nicht sehen und nicht in seiner direkten Gemeinschaft leben können. Dass unser Leben von Problemen, Schwierigkeiten und Leiden geprägt ist. Dass es vergänglich ist durch den Tod (davon handelt besonders die Geschichte vom „Sündenfall" *1.Mose 3).*

Ohne Gott geraten einzelne Menschen untereinander in Unfrieden (Kain schlägt seinen Bruder Abel tot: *1.Mose 4).* Ohne Gott versuchen die Menschen, ihre menschliche Art zu verbessern (Geschichte von der „Sintflut" *1.Mose 6–8).* Es wird in diesen ersten Kapiteln der Bibel sodann dargestellt, wie sich die ganze Menschheit von Gott abwendet und von ihm unabhängig sein will (Geschichte vom „Turmbau zu Babel" *1.Mose 11).* Die Bibel verkündigt aber, dass Gott dem heillosen Treiben der Menschen nicht tatenlos zuschaut. Gott will seine Menschenkinder aus Unfrieden und Gottesferne in seine Gemeinschaft zurückführen. Er ruft aus diesem Grunde ein Volk ins Leben, das der gesamten Menschheit den Glauben an ihn vermitteln soll: das *Volk Israel.*

Die Geschichte dieses Volkes beginnt mit *Abraham.* Ihn beruft Gott zum Stammvater des Volkes Israel. So lesen wir direkt im Anschluss an die Turmbaugeschichte, die von der Auflehnung der gesamten Menschheit gegen Gott spricht, die folgende Begebenheit: „Und der Herr sprach zu Abraham: Geh aus deinem Vaterland und von deiner Verwandtschaft und aus deines Vaters Hause in ein Land, das ich dir zeigen will. Und ich will dich zum großen Volk machen und will dich segnen und dir einen großen Namen machen, und du sollst ein

Segen sein. Ich will segnen, die dich segnen, und verfluchen, die dich verfluchen; und in dir sollen gesegnet werden alle Geschlechter auf Erden" *(1.Mose 12,1–3)*.

Abraham ist mit Sara verheiratet. Dem hochbetagten Ehepaar wird wunderbarerweise ein Sohn geboren: Isaak. *Isaaks* Kinder sind Jakob und Esau. *Jakob* hat 12 Söhne. Einer davon – *Josef* – gelangt nach Ägypten und wird am Hofe des Pharaos ein einflussreicher Mann. Er holt seine Brüder und seinen Vater Jakob nach Ägypten, als eine Hungersnot ihr Leben bedroht, und siedelt sie in der Landschaft Goschen an (über dieses alles berichtet das *1. Mosebuch ab Kapitel 12*).

Mehrere hundert Jahre vergehen. In dieser Zeit entwickeln sich die Israeliten nach Gottes Verheißung (1.Mose 12,1–3) zu einem zahlenmäßig schon beachtlichen Volk, das den Ägyptern unheimlich wird. Sie machen die Israeliten zu Sklaven. Durch *Mose* befreit Gott sein Volk Israel aus dem „Sklavenhaus" Ägypten. Durch Mose führt Gott sein Volk dann lange Jahre durch die Wüste. Am *Berg Sinai* schließt Gott mit Israel einen Bund (das „Alte Testament"): Er verspricht, sich um sein Volk zu kümmern, es zu segnen und ihm ein eigenes Land zu geben. Israel soll Gott allein dienen und keine anderen Götter neben ihm haben (Gabe der 10 Gebote). Diese Erfahrungen Israels mit seinem Gott in Ägypten und in der Wüstenzeit sind im *2. bis 5. Mosebuch* niedergeschrieben.

Gott schenkt seinem Volk Israel dann das *Land Kanaan* als Wohngebiet und erfüllt damit einen weiteren Teil des einst Abraham gegebenen Versprechens (1.Mose 12,1–3). Israel erobert nach und nach das Land Kanaan *(Buch Josua)*. Allerdings hat Israel zunächst große Schwierigkeiten, sich gegen andere, stärkere Völker zu behaupten *(Richterbuch)*. Doch entwickelt sich das kleine Volk Israel allmählich zu einer starken Nation mit einem König an seiner Spitze *(1. Samuelbuch)*. Seine Blütezeit erlangt das Volk Israel unter *König David*, der ein israelitisches Großreich errichtet *(2. Samuelbuch/1. Königebuch)*.

Als Gott Abraham berief und ihn zum Stammvater seines Volkes machte, hatte er dabei ein großes Ziel: Israel sollte aller Welt den Glauben an seinen – den alleinigen und wahren Gott – bringen. Alle Menschen sollten durch Gottes „Zeugen" Israel in den Segen der Gemeinschaft mit Gott zurückfinden (1.Mose 12,3; 5.Mose 4,1.6–8; Jes

44,8; Jer 2,1–2). Das Schaubild (⇩) versucht, die weltweite Bedeutung Abrahams/Israels anschaulich zu machen:

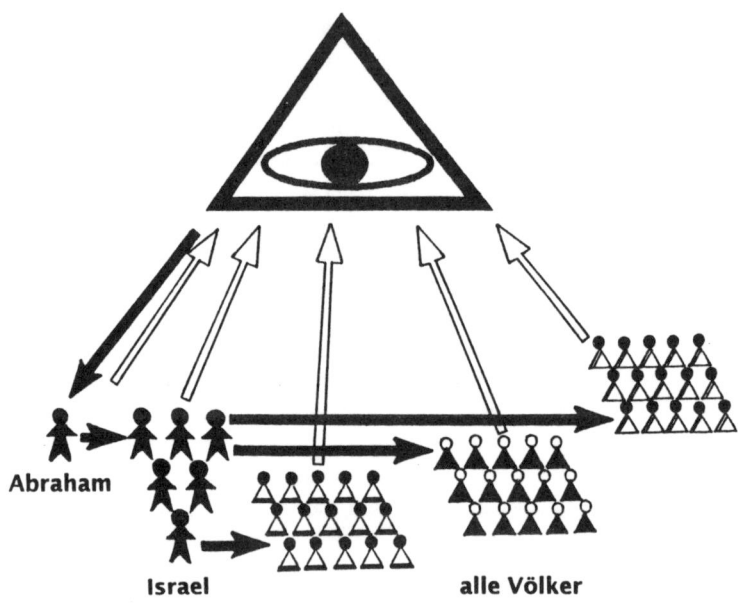

Die *Pfeile* in den Schaubildern und Diagrammen dieses Buches drücken eine Bewegung von Personen zu Personen (oder Gruppen) aus. Konkret meint das hier: Pfeil von Gott zu Abraham: Gott beruft Abraham; Pfeil von Abraham zu Gott: Abraham antwortet Gott mit Glaubensgehorsam; Pfeil von Abraham zu Israel: Abraham soll der Vater eines großen Volkes werden, zum Segen für die Welt; Pfeil von Israel zu Gott: Israel soll sein Leben mit Gott führen; Pfeile von Israel zu den Völkern: Israel soll seinen Glauben an den *einen* und wahren Gott allen Völkern bezeugen; Pfeile von den Völkern zu Gott: alle Völker sollen dadurch gesegnet werden und in eine Glaubensbeziehung zu Gott gelangen.

Allerdings kam Israel dem Auftrag nicht nach, Gottes Bundesvolk und Zeuge vor den Völkern zu sein. Im Lande Kanaan fielen große Teile der Israeliten einschließlich ihrer Könige vom Glauben an Gott ab. Sie dienten dem Gott Baal (sprich: Ba-al), an den die kanaanäische Bevölkerung glaubte. Gott sandte von ihm berufene Menschen unter sein Volk, die Israel in seine Gemeinschaft zurückrufen sollten:

die *Propheten*. Aber Israel hörte nicht auf sie. Da ließ Gott die Großmächte Assyrien und später Babylonien ins Land Kanaan einfallen und das Volk Israel zerschlagen. Seine Hauptstadt Jerusalem wurde zerstört. Ein großer Teil der israelitischen Bevölkerung wurde in die *Verbannung nach Babylon* geführt („babylonisches Exil"). Über diese Ereignisse berichten das *2. Königebuch* sowie die *Prophetenbücher Jesaja, Jeremia, Hesekiel, Amos, Hosea und andere.*
Später durften die nach Babylon verbannten Israeliten durch einen Erlass des *Perserkönigs Kyros*, der inzwischen ein persisches Großreich ins Leben gerufen hatte, wieder in ihr Land zurückkehren und Jerusalem mit seinem Tempel wieder aufbauen *(Bücher Esra und Nehemia; Prophetenbücher Haggai und Sacharja).* Aber als Nation spielte Israel von da an keine nennenswerte Rolle mehr. Es war – von kurzzeitigen Ausnahmen abgesehen – ein Volk, das unter *persischer*, dann *griechischer* (z.B. Alexander der Große) und schließlich unter

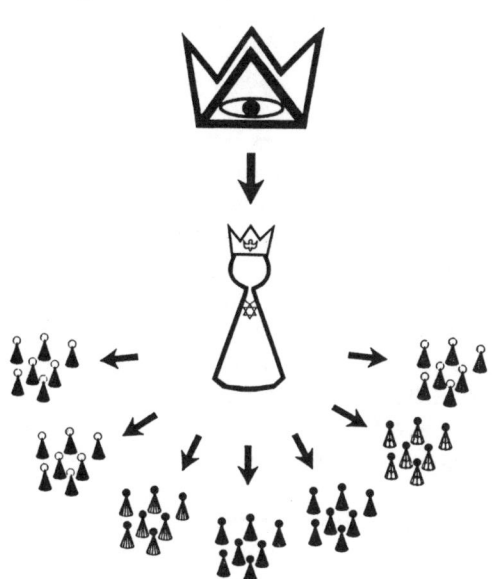

römischer Vorherrschaft (z.B. Kaiser Augustus) stand.
Die Propheten hatten dem Gottesvolk erklärt, dass seine Nation wegen des andauernden Abfalls von Gott zerschlagen worden sei (Gericht Gottes). War damit das Volk Israel am Ende? Hatte Gott seine Absicht, alle Menschen durch Israel in seine Gemeinschaft zurückzuführen, aufgegeben? Nein! Die Propheten hatten im Auftrag Gottes auch einen „neuen Bund" (ein „neues Testament") angekündigt: Einst wird Gott einen Neuanfang machen durch den *„Messias"* ([✑] hebräisches Wort für den König Israels, der beim feierlichen Krö-

nungsakt mit Öl gesalbt wurde; „Messias" heißt auf deutsch „Gesalbter", auf griechisch „Christos", auf lateinisch „Christus"). Durch den
Messias wird Gott sein Volk Israel und alle Menschen in seine Gemeinschaft rufen (vgl. zum Schaubild der Vorseite Jes 9,5–6; 11,1–2.
10). Davon ist dann im NT die Rede.

c) Wovon berichtet das Neue Testament?

Die vier *Evangelien (Matthäus, Markus, Lukas und Johannes)* sprechen vom neuen Bund Gottes mit seinen Menschenkindern. Er beginnt damit, dass Gott Jesus Christus zu uns Menschen sendet. Jesus
von Nazareth war ein Angehöriger des Volkes Israel. Er stammte aus
der Nachkommenschaft König Davids. Jesus umgab sich mit *12* Jüngern. Diese Zahl erinnert an die 12 Stämme des Volkes Israel. Was
Jesus von Gott zu sagen hatte, das galt also *ganz Israel* – und darüber
hinaus *allen Menschen*. Von Jesu Worten und Taten, von seiner
Kreuzigung und Auferweckung durch Gott handeln die Evangelien.
Darauf gründet der *neue* Bund, dass Jesus – anders als wir übrigen
Menschen – genau so gelebt hat, wie es Gottes Willen entsprach: Er
lebte nach den 10 Geboten. Er wollte nie etwas anderes, als Gott es
wollte. Denn er wusste und vertraute darauf, dass Gottes Wille das
Beste für uns Menschen ist, auch wenn er uns manchmal sehr fremd
und unverständlich erscheint. Darum lehrte Jesus seine Jünger im
„Vaterunser" die Bitte: „Dein Wille geschehe". Jesus wollte nie ohne
Gott leben. Es gab nichts in seinem Leben – keinen Menschen, keine
Arbeit, keine noch so schöne Freizeitbeschäftigung – , das ihm wichtiger als Gott wurde. Er zweifelte nie an dem Gott, den er doch ge-
nausowenig sehen konnte wie wir. Er misstraute ihm nie, auch dann
nicht, als Gott so Schweres von ihm verlangte wie die Aufgabe des
eigenen Lebens (Leiden/Kreuzigung).
Jesus wollte nicht unabhängig von Gott sein, sondern sein Leben mit
Gott verbringen, bis in die Stunde seines Sterbens hinein. Weil er
Gott vollkommen glaubte, weil er ihm vollkommen gehorsam war,
darum hat Gott ihn nach seiner Kreuzigung von den Toten auferweckt. Weil *ein Mensch Gott vollkommen gehorsam* war, darum wurde er der *Mittler eines neuen Bundes zwischen Gott und uns Men-*

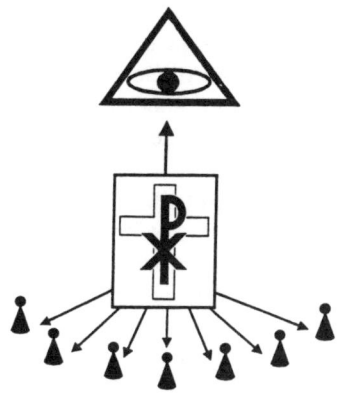

schen, wie es das Schaubild (⇦) zum Ausdruck bringt. *Einmal* hat ein Mensch so gelebt, wie sich Gott das Menschsein gedacht hat. Um dieses Einen willen vergibt Gott nun uns allen, die wir ihm nicht genügend Beachtung schenken. Dieser Eine – Jesus Christus – war Gott *stellvertretend für uns* gehorsam. Darum können die Evangelien immer wieder predigen, dass Gott uns Menschen liebt, dass er unsere Nähe sucht, ja dass wir zu Gott kommen können, weil Jesus ja stellvertretend für uns Gott gehorsam war und uns so den Weg zu Gott freigemacht hat.

Nach seiner Auferweckung durch Gott wirkt der lebendige Christus in seinen Jüngern und in den an ihn Glaubenden durch den Einfluss des Heiligen Geistes. Missionare und Apostel ziehen los und verkündigen die „gute Nachricht" (= „Evangelium") vom neuen Bund Gottes mit seinen Menschenkindern in aller Welt. Als herausragender Missionar wirkt der Apostel Paulus. Die *Kirche*, die Gemeinschaft der Glaubenden entsteht. Über das Handeln des auferweckten Christus in seiner Kirche berichtet die *Apostelgeschichte*.

Im NT werden eine große Anzahl von *Briefen* aufbewahrt, die urchristliche Missionare und Apostel an ihre Gemeinden schrieben, wenn sie für längere Zeit nicht bei ihnen sein konnten – oder überhaupt nicht mehr. Die *Briefe des Apostels Paulus* zählen zu den wichtigsten Schriften des NT. Paulus nimmt in seinen Briefen zu verschiedenen Fragen Stellung, die sich für die jungen Christen – ehemalige Heiden! – aus ihrem Leben in einer heidnischen Umwelt ergaben. Die Briefe erhielten ihre Namen häufig nach den Orten, an die sie geschickt wurden: An die Christen in Rom schrieb Paulus den *Römerbrief*, an die in Korinth den *1. und 2. Korintherbrief*, an die Christen in Thessaloniki und die in Philippi sandte er den *1. Thessalonicherbrief* und den *Philipperbrief*.

Am Schluss des NT finden wir eine prophetische Schrift: die *Offenbarung des Johannes*. Sie spricht davon, dass einst Gottes Ziel mit seinen Menschenkindern Wirklichkeit werden wird: das Reich Gottes wird vollendet („dein Reich komme"). Alle Menschen, die Gott im irdischen Leben die Treue gehalten haben, werden in Gottes direkter Gemeinschaft leben. Sie werden nicht mehr an Gott glauben, sondern *wissen*, ihn *sehen*, *nicht mehr* an ihm *zweifeln*. Leiden, Krankheit, Tod und Vergänglichkeit wird es dann nicht mehr geben. Das ewige Leben in der Gemeinschaft Christi und Gottes wird voller Freude und Frieden sein. Johannes deutet das alles nur an. Er beschreibt dieses „ewige Leben" nicht näher, weil kein Mensch im Einzelnen wissen kann, wie „herrlich" das Leben sein wird, wenn Gott tatsächlich Gott und „Herr" aller Menschen ist.

d) Gott spricht zu uns Menschen durch die Bibel

Wozu wurde die Bibel aufgeschrieben? Ps 78,1–7: „Höre, mein Volk, meine Unterweisung ... Ich will meinen Mund auftun zu einem Spruch und Geschichten verkünden aus alter Zeit. Was wir gehört haben und wissen und unsre Väter uns erzählt haben, das wollen wir nicht verschweigen ihren Kindern; wir verkünden dem kommenden Geschlecht den Ruhm des HERRN und seine Macht und seine Wunder, die er getan hat. Er richtete ein Zeugnis auf in Jakob und gab ein Gesetz in Israel und gebot unsern Vätern, es ihre Kinder zu lehren, damit es die Nachkommen lernten, die Kinder, die noch geboren würden; die sollten aufstehen und es auch ihren Kindern verkündigen, dass sie setzten auf Gott ihre Hoffnung und nicht vergäßen die Taten Gottes, sondern seine Gebote hielten."

Aus diesen Psalmversen geht klar hervor, wozu die Bibel aufgeschrieben wurde: Alles, was Menschen mit Gott erfahren haben – seine Taten, seine Wunder, sein Bund mit Israel, sein neuer Bund mit allen Menschen durch die Vermittlung Jesu Christi – alles das sollte nicht in Vergessenheit geraten. Darum wurde es aufgeschrieben. So haben Eltern etwas in der Hand, um es ihren Kindern zu erzählen. So haben diese Kinder – selber Eltern geworden – etwas Verlässliches in Händen, das sie wieder ihren Kindern weitergeben können. So gibt eine Generation den „Staffelstab des Glaubens" mit Hilfe der Bibel an die nächste Generation weiter. So lernen Menschen jeder Zeitepoche, auf Gott zu vertrauen. So vergisst niemand Gottes Handeln und Jesu Wirken. So haben wir alle die Möglichkeit, unser Leben nach Gottes lebensfördernden Geboten einzurichten, wie wir es aus dem Alten Testament und von Jesus Christus gelernt haben.

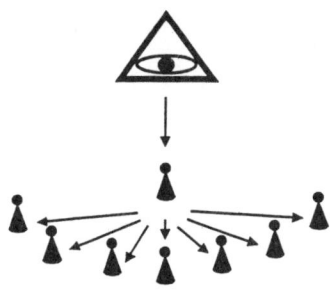

Gott spricht nicht direkt mit uns Menschen, sondern er spricht zu uns durch solche Menschen, die etwas mit ihm und mit Christus erlebt haben (⇔). Ihre Erfahrungen sind in die einzelnen Schriften der Bibel eingegangen. Wenn *wir* die Bibel aufmerksam lesen und auf ihre Worte hören, dann werden wir angeregt, ähnliche und auch eigene Erfahrungen mit Gott zu machen. Durch das *Lesen der Bibel* (das ist am Anfang etwas schwierig, wenn einem niemand etwas erklärt!) oder durch das *Hören auf die Predigt über Worte der Bibel* oder durch die *Beschäftigung mit den Inhalten der Bibel z.B. im Konfirmandenunterricht, in einem Gesprächskreis, im Seminar „Glaube im Gespräch" oder in einem Bibelkurs* gewinnen wir Menschen der Gegenwart Glauben an Gott, Vertrauen auf Gott. So führt Gott heute *uns* in seine Gemeinschaft, indem er durch das Wort der Bibel zu uns spricht. Wir nennen die Bibel darum das *„Wort Gottes"*.

Die Bibel – Gottes weltweites Wort an alle Menschen: Wir erfuhren bereits, dass es Gottes Absicht ist, alle Menschen in seine Gemeinschaft zu rufen. Am Ende des Matthäusevangeliums (28,18–20) wird dieses Ziel Gottes sehr deutlich von Christus ausgesprochen. Da sendet der auferweckte Jesus seine Jünger zu *allen Völkern der Welt* mit dem Auftrag, sie durch das Evangelium und die Taufe in Gottes Gemeinschaft zu bringen.

Nun sprechen die unterschiedlichen Völker dieser Erde ganz verschiedene Sprachen. Damit sie Gottes Wort aber auch verstehen können, ist die Bibel in eine Vielzahl von Sprachen übersetzt worden. Bis zum heutigen Tag gibt es über 2000 verschiedene Bibelübersetzungen. Unter anderem wurde die Bibel auch in die Blindenschrift übertragen. Um die Bibel in eine andere Sprache zu übersetzen, braucht man viel Geld. Bibelgesellschaften, Kirchensteuern sowie freiwillige Spenden von Gemeinden und einzelnen Christen fangen die anfallenden Kosten auf. Ein Beispiel: Ungefähr 50 DM kostete die Übersetzung eines einzigen Bibelverses ins „Oromo" (eine Sprache in Äthiopien) bis hin zur Erstellung der Druckvorlage. Der auf der folgenden Seite abgedruckte Text aus einer Oromo-Bibel gibt Lk 24,1–5 wieder (⇨):

1 ጉያ ጀልቀበ ተርበኒት ፡ ጋሬ ሰንበት ጉዳ አቦርስ ፡ ዱበ
ርቶን ሱን ኡርጎፍቱ ድብታ እሰ ቆጸሰኀ ቲሬጎነቶዱተኒ ገሬ አዋልቾ
ደቀን*ፇ 2 ደገቾ አዋልቾ እቲን መሬኀ ቲሬጎስ ፡ ገረገል
ሬግ አርገተን ፤ 3 አዋልቾ ኬስ ዮሙ ልጠን ገፋ ፡ ሬሬ ነፍታ
ዮሱስ ሀንእርገኔ ፇ 4 ዋኤ ከና ዋን ጀደን መላለኀ ኡቱ ጀሬኀ፡
ኩና ድንገተ ነሞን ለመ መያ ጬጬለቅሳ ኡፈተኀ እሳን ቡኬ
ዳበተን*ፇ 5 ዱበርቶንስ ባይኤ ሶዳተኀ ለሬ እላለን ፤ ነሞን ሱንጎም፡
«እሰ ጀራታ ማሊፍ መረ ዱአን ኬስ በርባዱ*?

Eine in Peru tätige Missionarin berichtet darüber, welche Schwierigkeiten bei der Übersetzung der Bibel in eine andere Sprache – das Ketschua – auftreten können: „In Jakobus 3,5 lesen wir: 'Welch kleine Flamme setzt doch einen großen Wald in Brand.' Man sollte meinen, dies sei ein einfacher Vers zum Übersetzen in die Sprache von Leuten, die an offenen Feuern kochen und inmitten unendlicher Wälder wohnen, nicht wahr? Es bereitet keinerlei Schwierigkeiten, die richtigen Ausdrücke zu finden, aber warum sieht Manuel mich so merkwürdig an? Ich sollte es bald herausfinden. Im Urwald kommt es einfach nicht vor, dass der Wald brennt. Es ist viel zu nass, und jeder weiß es. Jakobus gebraucht dieses Beispiel, um zu veranschaulichen, welch eine schlimme Auswirkung unsere Worte haben können. Eine wörtliche Übersetzung ins Ketschua jedoch würde dies keineswegs veranschaulichen, sondern nur den Eindruck vermitteln, dass Jakobus keine Ahnung hat, wovon er redet, und deshalb nicht besonders ernst genommen werden kann. Dieses Beispiel zeigt, dass es nicht ausreicht, eine Sprache zu lernen, sondern dass wir auch die Lebensweise und die Umgebung kennen müssen, um etwas in ihre Sprache zu übersetzen."

Viele Menschen in dieser Welt lesen begierig in der Bibel. Doch keineswegs alle besitzen dieses Buch. Entweder können sie sich keine Bibel leisten, oder es gibt in ihrem Bereich keine Bibeln zu kaufen. Missionare berichten, dass weltweit Menschen sehr sorgsam mit ihrer Bibel umgehen. Sie bringen sie z.B. in den Gottesdienst mit, lesen die Epistel, das Evangelium und den Predigttext mit und haben auf diese Weise mehr vom „Wort Gottes" im Gottesdienst. Denn bei der Predigt können sie sich den Wortlaut des Predigttextes immer wieder vergegenwärtigen. Das können wir übrigens genauso machen!

Gott spricht zu uns durch die Bibel – insbesondere durch das,was sein Sohn Jesus Christus uns gesagt hat: Auf vielfältige Weise hat Gott durch die Jahrhunderte und Jahrtausende zu uns Menschen gesprochen: durch die Erfahrungen, die *Abraham* oder das *Volk Israel* mit Gott gemacht haben; durch das Wort der *Propheten*, die Gott zu den Israeliten gesandt hat. In besonderer Weise redet Gott zu uns

Menschen durch die Worte und Taten *Jesu Christi*, seines Sohnes. Er ist deswegen der „Sohn Gottes", weil der Sohn dem Vater am nächsten steht. Jesus stand Gott, seinem himmlischen Vater, näher als wir Menschen alle. Durch Jesus hat Gott uns wissen lassen, dass er uns Menschen liebt, dass er aller Menschen Gott sein will, ja, dass er sich freut, wenn auch nur *ein* Mensch in seine Gemeinschaft findet.

Wenn Jesus in seinen Erdentagen von Gott, unserem barmherzigen Vater im Himmel predigte, dann wollte er mit dieser Botschaft uns Menschen die Angst vor dem verborgenen Gott nehmen. Er wollte, dass wir Vertrauen zu Gott fassen und freiwillig und gerne an ihn glauben. Aus diesem Grunde erzählte er häufig auch *Gleichnisse*: das sind Vergleichsgeschichten. In ihnen stellt er mit einem Vergleich aus dem Bereich des normalen Lebens dar, wie Gott uns Menschen gegenüber eingestellt ist und handelt. Solche Vergleiche konnte jeder sofort verstehen. Und darauf kam es Jesus an. Betrachten wir als *ein* Beispiel das *Gleichnis vom verlorenen Schaf (Lk 15,1–7)*:

Um dieses Gleichnis besser zu verstehen, muss man wissen, was in der Bibel ein Sünder ist: *Ein Sünder ist ein Mensch, der sein Leben nicht in der Gemeinschaft Gottes führt.* Seine Lebensweise ist vielleicht in seiner Familie oder in seinem Bekanntenkreis üblich. Vielleicht hat er auch nie richtig gehört oder verstanden, dass Gott ihn liebt. Darum bleibt Gott ihm fremd. Entsprechend lebt ein Sünder getrennt, fern von Gott. Er kümmert sich nicht weiter um ihn. Er hat kein Interesse an Gott, an seinem Wort, am Gottesdienst und am Gebet. Er hat kein Gefühl dafür, dass die Gemeinschaft mit Gott für seine Lebensführung hilfreich ist. Manche bestreiten, dass es Gott gibt. Manche wollen von Gott auch nichts wissen. Sie nehmen sich für Gott keine Zeit. Andere Dinge (z.B. Besitz, Arbeit, Hobbys) sind ihnen wichtiger. *Sünde ist also ein Leben ohne Gott, die Interessenlosigkeit an Gott, der Unglaube, ja geradezu die Feindschaft des Menschen gegen Gott (Röm 8,7).*

Im *Gleichnis vom verlorenen Schaf* nimmt Jesus die Erfahrung, dass ein Hirte sein verlorengegangenes Schaf sorgfältig suchen wird, zum Anlass, *uns* etwas über Gottes Verhalten seinen Menschenkindern gegenüber zu sagen: Gott ist der Hirte, der den Sünder – das Schaf – sucht, das sich von ihm getrennt hat. Gott freut sich, wenn ein Mensch in seine Gemeinschaft zurückkommt. Gott geht uns nach, er sucht uns, er ruft nach uns, wie der Hirte ein Schaf sucht, das sich verirrt hat.

Gott hat seinen Sohn Jesus Christus zu uns Menschen gesandt. Durch ihn sucht er unsere Nähe, durch ihn ruft er uns in seine Gemeinschaft. Das NT nennt Jesus darum auch den „guten Hirten" (Joh 10,11). Heute ruft dieser

„gute Hirte" uns durch *die* Menschen in Gottes Gemeinschaft, die uns von Gott und Christus erzählen. Die Herde, in die das verlorengegangene und wiedergefundene Schaf dann eingegliedert wird, ist nichts anderes als die Gemeinschaft der Christen, die Kirche, die Gemeinde. Das Zusammensein in der Herde, also die Gemeinschaft mit unseren Mitchristen, soll uns davor bewahren, Gott wieder aus den Augen zu verlieren, das heißt verlorenzugehen. Durch das Gebet und den Gottesdienst zusammen mit unseren Mitchristen halten wir den Kontakt mit Gott aufrecht – und Gott mit uns.

EINE FRAGE ZUM NACHDENKEN:

Die Bibel enthält Geschichten und Worte, die mehrere tausend Jahre vor unserer Zeit erzählt oder aufgeschrieben wurden. Zu ihrer Zeit konnten die Hörer und Leser verstehen, was eine Geschichte oder ein Wort meinte. Nun hat – um *ein* Beispiel zu nennen – der Apostel Paulus den 1. Korintherbrief vor rund 1900 Jahren nach Korinth und nicht um 2000 n. Chr. etwa nach Hamburg geschrieben. Weil Gott aber auch mit uns heute Lebenden durch die Bibel – unter anderem auch durch den 1. Korintherbrief – sprechen will, stellt sich die Frage: Was muss geschehen, damit biblische Texte zu „Gottes Wort für uns heute" werden können?

WEITERE WICHTIGE BIBELSTELLEN ZUM THEMA:

- Gottes Bund mit Israel: 1.Mose 17,1–8; 2.Mose 2,23–25; 19,3–6; 34,28 + 20,1–17; 5.Mose 5,1–22; 7,6–9; Jer 22,6–9.
- Israels Zeugendienst an der Welt: 5.Mose 4,1.6–8; Ps 96,3–13; Jes 2,2–5; 60,1–3; Jer 4,1–3.
- Prophetische Verheißung eines neuen Bundes: Jer 31,31–34; Hes 36,26–27.
- Prophetische Verheißung des Messias: Jes 9,1–6; 11,1–10; 52,13 – 53, 12; Mi 5,1–4a; Jer 23,5–6; Hes 34,23–31.
- Christus, der Mittler des neuen Bundes: Mt 26,26–28; Lk 2,10–11; Joh 1, 29; 3,16; Röm 5,18; 1.Tim 2,5; Hebr 9,15.
- Gott offenbart sich Menschen: 1.Mose 12,1–9; 2.Mose 3,1–14; 1.Sam 3; Jes 6,1–8; Gal 1,11–16a.
- Gott offenbart sich in Christus: Mt 11,25–27; Joh 1,14.17–18; Hebr 1,1–2a.
- Bibel: Mt 24,35; Lk 16,29–31; Röm 15,4; 2.Tim 3,14–17.
- Gottes Wort: s. die Stellenangaben am Ende von I Nr.1 S.3.

4. Der Gottesdienst: ein besonderer Ort des Gesprächs zwischen Gott und uns Menschen

Im alten Volk Israel versammelten sich die Gläubigen am Sabbat zum Gottesdienst (5.Mose 16,8). Als die ersten Christengemeinden entstanden, gehörte die gottesdienstliche Feier ganz selbstverständlich zum Gemeindeleben dazu (Apg 2,46). Im frühen Christentum wurde der Gottesdienst dann vom Sabbat (Samstag) auf den Sonntag verlegt, weil an diesem Tage Christus von den Toten auferstand. Wo immer es auf der Welt christliche Kirchen und Gemeinden gibt, versammeln sich die Glaubenden an diesem Tag zum Gottesdienst, um gemeinsam zu beten, Gott zu loben und sich durch das Hören auf Gottes Wort im Glauben stärken zu lassen.

Offensichtlich wird in anderen Ländern dieser Erde der Sinn des Gottesdienstes besser verstanden als bei uns in der Bundesrepublik, denn so spärlich besuchte Gottesdienste, wie sie in vielen Gegenden bei uns üblich sind, stellen – weltweit gesehen – eine Ausnahme dar. Andere haben erkannt, dass der Gottesdienstbesuch keine religiöse Pflichtübung ist, sondern der *Eintritt in ein intensives Gespräch mit Gott*. Denn der Gottesdienst ist von der Sache her als ein *besonderer Ort des Gesprächs zwischen Gott und uns Menschen* zu beschreiben. Auch wenn die Gottesdienste in verschiedenen Kirchen und Gemeinden sehr unterschiedlich gefeiert werden, kehren doch bestimmte Bestandteile in jedem Gottesdienst wieder: Lieder – Gebete – „Gloria" (= „Ehre sei Gott") – [„Kyrie eleison" (= „Herr, erbarme dich") – Glaubensbekenntnis] – Lesungen aus der Bibel – Predigt – Vaterunser – Segen. Diese Teile des Gottesdienstes lassen sich den beiden Grundpfeilern unseres Glaubens leicht zuordnen:

GOTT SPRICHT MIT UNS:	WIR SPRECHEN MIT GOTT:
Lieder	Lieder und „Gloria"
Lesungen aus der Bibel	Gebete und „Kyrie"
Predigt über Worte der Bibel	(Glaubensbekenntnis)
Segen	Vaterunser

Der Gottesdienst ist also ein *Geschehen*: ein Gespräch, das zwischen Gott und uns Menschen stattfindet. Wir haben *Gott* in der Gemeinschaft unserer Mitchristen etwas zu sagen: ihm zu danken, ihn zu bitten, ihn für andere zu bitten. Und Gott hat *uns* etwas für unser Leben in dieser Welt – auch für unser Glaubensleben – zu sagen. Das Wort „Gottes-dienst" hat also eine doppelte Bedeutung (⇩):

MENSCH   Ich glaube an Gott, meinen Herrn   GOTT

Wir dienen Gott

Gott dient uns

Wir dienen Gott: Wir stellen Gott etwas von unserer Zeit zur Verfügung. Wir öffnen uns Gott, indem wir mitsingen, mitbeten und uns auf das konzentrieren, was Gott uns sagen will. Und *Gott dient uns:* Er will uns im Gottesdienst hilfreiche Weisungen für unser Leben geben. Das geschieht insbesondere durch die Predigt über einen kleinen Abschnitt aus der Bibel, dem „Wort Gottes". Gott spricht zu uns Menschen nicht in besonderen privaten Offenbarungen, sondern er redet zu uns durch Menschen, durch „Diener des Wortes" (Lk 1,2), die sein Wort auslegen. Wenn wir den Gottesdienst besuchen, dann sollten wir uns *vor der Predigt* stets die Frage stellen:

Was will Gott mir heute durch diese Predigt sagen?

Wenn wir eine Predigt mit dieser Frage „im Hinterkopf" hören, dann wird uns das Zuhören leichter fallen; wir haben mehr von der Predigt und wissen uns persönlich immer wieder von Gott angesprochen. Wenn eine Predigt für uns auch nur *einen* tröstlichen oder klärenden Gedanken enthält, dann wird uns dieser Gedanke weiterführen und im Glauben wachsen lassen.

Manche Teile der Gottesdienstordnung kehren jeden Sonntag wieder, gewöhnlich in derselben Reihenfolge. Dennoch *gleicht kein Gottesdienst dem anderen!* Jedesmal werden andere Lieder gesungen und andere Gebete gesprochen. Jeder Gottesdienst enthält andere Schriftlesungen. Der Predigttext ist von Sonntag zu Sonntag ein anderer, und entsprechend beschäftigt sich die Predigt auch mit völlig unterschiedlichen Themen. Wenn wir im wiederkehrenden Rahmen des Gottesdienstes von Sonntag zu Sonntag die abwechselnde Vielfalt der einzelnen gottesdienstlichen Stücke entdecken, dann wird uns der Gottesdienstbesuch nicht mehr langweilen, sondern in vieler Hinsicht anregen. Denn Gott will im Gottesdienst mit uns reden und uns so helfen, mit unserem Leben zurechtzukommen.

EINE FRAGE ZUM NACHDENKEN

Viele Menschen haben Probleme mit dem Gottesdienst, weil sie ihn nicht als einen besonderen Ort des Gesprächs mit Gott ansehen. Welche weiteren Gründe lassen sich dafür aufzählen, dass Menschen auf den Besuch des Gottesdienstes verzichten?

WEITERE WICHTIGE BIBELSTELLEN ZUM THEMA:

● Gottesdienst in Israel: Ps 42,2–5; 100; 122,1–4.
● Christlicher Gottesdienst: Mt 18,20; Apg 2,42; Röm 10,17; 12,1; 1.Kor 11,23–26.
● Gott redet zu uns Menschen durch Menschen: 2.Mose 20,19; Jer 1,4–9; Joh 1,14; Apg 10,44; Röm 1,1; 2.Kor 5,20; 1.Thess 2,13.

5. Wir sprechen unseren Glauben aus: das Glaubensbekenntnis

a) Glauben: was ist das?

Gott können wir Menschen nicht sehen. Wir können ihn auch nicht direkt hören. Wir können ihn weder fühlen, schmecken noch riechen. Das „Organ", mit dem wir Menschen Gott erfahren und wahrnehmen können, ist unser *Glaube.* Es ist nicht so einfach *zu beschreiben,* was „Glauben" meint. Denn dieses Wort wird in unserer Sprache in sehr unterschiedlicher Bedeutung verwendet. Für „Ich glaube: Frau Müller hat heute Geburtstag" könnte man auch sagen: „Ich meine, ich vermute, ich denke: Frau Müller hat heute Geburtstag". Auf die Frage „Können Sie mir sagen, wie spät es ist?" antwortet einer: „Ich habe meine Uhr nicht mit, aber ich glaube: es ist gleich 12 Uhr." Er könnte auch sagen: „Weil ich meine Uhr nicht mithabe, weiß ich nicht sicher, wie spät es ist. Aber ich nehme an, dass es gleich 12 Uhr ist."

Der *biblischen Verwendung* des Wortes „Glauben" kommt das folgende Beispiel nahe: Ein Geschäftsmann sagt 14 Tage nach der Erweiterung seines Geschäfts: „Bis jetzt bleibt der Ansturm der Kunden zwar noch aus, aber ich glaube daran, dass die Erweiterung des Ladens richtig ist." Er könnte auch sagen: „Bis jetzt bleibt der Ansturm der Kunden zwar noch aus, aber ich bin zuversichtlich, ich hoffe, ich bin davon überzeugt, ich vertraue darauf, dass die Erweiterung des Ladens richtig ist." In der Bibel meint Glaube stets *Vertrauen.* Für „Ich glaube an Gott" kann es in der Bibel auch heißen: „Ich vertraue auf Gott, ich hoffe auf Gott, ich setze meine Zuversicht auf Gott." „Ich aber, Herr, hoffe auf dich und spreche: Du bist mein Gott! Meine Zeit steht in deinen Händen" (Ps 31,15–16). „Es ist aber der Glaube eine feste Zuversicht auf das, was man hofft, und ein Nichtzweifeln an dem, was man nicht sieht" (Hebr 11,1).

b) Wem kann ich glauben?

Weltweit gibt es viele Religionen und Heilslehren: den Hinduismus in Indien, den Buddhismus in Asien, den Islam im arabischen Raum. Auch die kommunistische Ideologie, die immer noch einige Staaten dieser Welt beherrscht, ist nichts anderes als eine Religion: Kommunisten glauben daran (= vertrauen darauf), dass man die Verhältnisse auf Erden im Laufe der Zeit so positiv gestalten kann, dass für alle Menschen ein „Paradies auf Erden" Wirklichkeit wird. Wenn jemand sagt, dass es Gott nicht gibt, so ist auch diese Überzeugung nichts anderes als ein Glaube, den er nicht beweisen kann. Vornehmlich aus dem asiatischen Bereich treten bei uns Angehörige besonderer Sekten auf und versprechen den Menschen Glück und Frieden, wenn man Anhänger ihrer Heilslehre wird. Auch der christliche Glaube tritt als *eine* Stimme im Konzert der Religionen an uns Menschen heran. Was ist nun die *Wahrheit*? *Wem* kann ich glauben?

c) Gott schenkt mir den Glauben

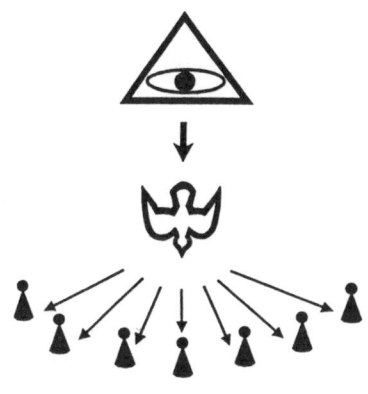

Die Bibel sagt deutlich, dass nicht wir Menschen in uns den Glauben an Gott aus eigener Kraft und Vernunft herstellen können. Niemand kann sagen: „Ich will glauben!" – und dann glaubt er. Glaube ist unsere Beziehung zu *Gott*. Und die kann nur *Gott selber* herstellen. Er muss in uns den Glauben an sich schaffen (z.B. 1. Kor 2,3–5 [⇦]). Gott geht dabei mit uns Menschen *menschliche Wege*. Durch *Menschen* nimmt er Kontakt mit uns auf: Viele *Eltern* lehren ihre Kinder schon von früh auf das Beten. Oft sind es auch *andere Menschen* – Großeltern, Paten, Freunde, Kindergottesdienstmitarbeiter(innen), Lehrer(innen), Pfarrerinnen und Pastoren – , die ihren christlichen Glauben überzeugend leben. Durch ihr Beispiel und ihre Worte weckte und stärkt(e) Gott unseren Glauben (vgl. 2.Tim 3,14–17). Wie auch immer wir zum Glauben an Gott fanden und kommen, so haben wir es doch immer wieder nötig, Gott *um Glauben zu bitten*, wie es – uns zum Vorbild – ein Mensch getan hat, von dem das Markusevangelium berichtet. Er bat Jesus: „Ich glaube, hilf meinem Unglauben!" (Mk 9,24). *Gott* muss uns Glauben schenken, *Gott* muss immer wieder unsere Zweifel überwinden. Wenn *Gott* uns Glauben geschenkt hat, dann werden wir gewiss, dass der christliche Glaube „die Wahrheit" ist. „Beweisen" können wir das anderen Menschen gegenüber nicht, aber glauben (= darauf vertrauen) können wir, dass Christus „der Weg, die Wahrheit und das Leben" ist (Joh 14,6). Denn *wir dürfen erfahren:* er führt uns in Gottes Gemeinschaft. Wir können mit Gott leben: schon jetzt – und in der Ewigkeit.

d) Glauben heißt: Vertrauen auf Gott wagen

Oben wurde uns klar: Für „an Gott glauben" können wir auch sagen: „auf Gott vertrauen". *Vertrauen* spielt in unserem Leben eine viel größere Rolle, als uns gewöhnlich bewusst ist. Einige Beispiele:

■ Ich habe meinem Freund einen wichtigen Brief geschrieben. Ich stecke ihn in den Briefkasten im Vertrauen darauf, dass der Kasten geleert, der Brief richtig einsortiert, befördert und zugestellt wird, so dass mein Freund ihn am nächsten oder übernächsten Tag in Händen hat.

■ Ich fahre mit dem Fahrstuhl vom Erdgeschoss in den 12. Stock eines Hochhauses. Ich vertraue ganz selbstverständlich darauf, dass der Fahrstuhl in Ordnung ist, dass er regelmäßig gewartet und auf seine Funktionsfähigkeit überprüft wird.

■ Ich muss operiert werden. Ich vertraue mich dem Narkosearzt und dem operierenden Arzt ganz in der Hoffnung an, dass sie das Richtige und Notwendige tun und ihr Bestes geben werden. Ich vertraue darauf, dass die Operation gelingt.

Im täglichen Leben gibt es also viele Bereiche, wo wir auf etwas vertrauen, ohne „sicher" zu sein. Kann es dann so schwer sein, dem allmächtigen Gott und Vater Jesu Christi uns und unser Leben anzuvertrauen? *„Herr, ich glaube, hilf meinem Unglauben!"*

e) Meinen Glauben behalte ich nicht für mich: das Glaubensbekenntnis

Das Glaubensbekenntnis: eine Zusammenstellung von Kernsätzen des christlichen Glaubens: Wenn Gott einem Menschen Glauben schenkt, wird er seinen Glauben bekennen und an andere Menschen weitergeben (Ps 78,3–7). Das *Glaubensbekenntnis* will uns dabei helfen, unseren Glauben kurz und umfassend auszusprechen. Seit etwa 1800 Jahren dient das Glaubensbekenntnis, das wir auch im Gottesdienst sprechen, den Christen dazu, ihren Glauben in Worte zu fassen:

1. Artikel 	Ich glaube an Gott, den Vater, den Allmächtigen, den Schöpfer des Himmels und der Erde.
2. Artikel 	Und an Jesus Christus, seinen eingeborenen Sohn, unsern Herrn, empfangen durch den Heiligen Geist, geboren von der Jungfrau Maria, gelitten unter Pontius Pilatus, gekreuzigt, gestorben und begraben, hinabgestiegen in das Reich des Todes, am dritten Tage auferstanden von den Toten, aufgefahren in den Himmel; er sitzt zur Rechten Gottes, des allmächtigen Vaters; von dort wird er kommen, zu richten die Lebenden und die Toten.
3. Artikel 	Ich glaube an den Heiligen Geist, die heilige christliche Kirche, Gemeinschaft der Heiligen, Vergebung der Sünden, Auferstehung der Toten und das ewige Leben. Amen.

In diesem Glaubensbekenntnis sind Kernsätze christlichen Glaubens aufgrund biblischer Aussagen in wenigen Sätzen zusammengestellt. Das Glaubensbekenntnis spielte in der Alten Kirche eine zentrale Rolle bei der *Taufe.* Wer vom Heidentum zum christlichen Glauben übertrat, wurde vor seiner Taufe nach seinem Bekenntnis gefragt und antwortete dann mit dem „Glaubensbekenntnis".

Das Bekenntnis zum dreieinigen Gott: Deutlich ist zu erkennen, dass das Glaubensbekenntnis aus drei Teilen besteht. Die einzelnen Teile nennt man „Artikel" (= Abschnitte). Sie sprechen nicht von drei Göttern, sondern vom *dreieinigen Gott*, weil Gott uns Menschen *in dreifacher Weise* begegnet.

▲ Gott begegnet mir als der *Schöpfer*, der Himmel und Erde und auch mich geschaffen hat (1. Artikel).

▲ Gott begegnet mir in *Jesus Christus*, seinem Sohn, der für mich gestorben und auferstanden ist (2. Artikel).

▲ Gott begegnet mir im *Heiligen Geist*, der in mir Glauben schafft und uns Christen in seiner Kirche vereinigt (3. Artikel).

Im NT finden wir bereits kurze Bekenntnisformulierungen zum dreieinigen Gott (⇨), zum Beispiel diese: „Die Gnade unseres *Herrn Jesus Christus* und die Liebe *Gottes* und die Gemeinschaft des *Heiligen Geistes* sei mit euch allen" (2.Kor 13,13). Der auferstandene Christus beauftragt seine Jünger: „Da-

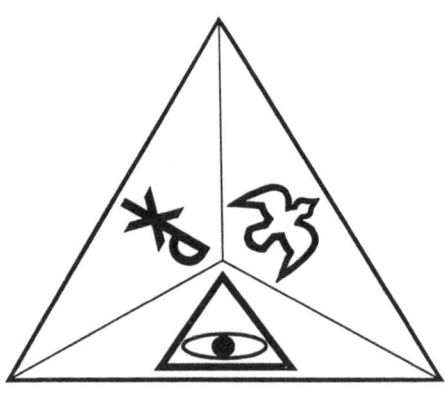

rum geht hin und macht zu Jüngern alle Völker. Tauft sie auf den Namen des *Vaters* und des *Sohnes* und des *Heiligen Geistes*" (Mt 28,19). In der Mitte des 2. Jahrhunderts n. Chr. gab es in Rom bereits einen Vorläufer des uns vertrauten Glaubensbekenntnisses, das sogenannte „Romanum". Dieses Bekenntnis wurde bis ins 4. Jahrhundert n. Chr. etwas erweitert und fand dann Verbreitung als *„apostolisches* Glaubensbekenntnis" (= seine Bekenntnisaussagen gehen auf die Lehren der Apostel zurück). Luther hat dieses apostolische Glaubensbekenntnis in seinen Kleinen Katechismus aufgenommen und ausgelegt.

Das Glaubensbekenntnis verbindet die weltweite Christenheit: Die einzelnen Sätze des apostolischen Glaubensbekenntnisses sind also sehr alt. Manche Aussagen verstehen wir sofort, andere erscheinen uns nebensächlich oder gar merkwürdig. Sie müssten nach unserem Empfinden anders formuliert oder weggelassen werden. Wenn wir uns nun damit auseinandersetzen, was die drei Artikel des Glaubensbekenntnisses und ihre einzelnen Bekenntnissätze zu bedeuten haben und aussagen wollen, dann wird uns manches klarer werden.

Gewiss könnte man das apostolische Glaubensbekenntnis noch verbessern. Es sagt beispielsweise gar nichts über das Leben und Wirken Jesu aus. Es spricht nur von seiner Geburt, seinem Leiden, seinem Tod am Kreuz, seiner Auferstehung und seiner Erhöhung zu Gott. Es enthält teilweise Formulierungen, deren Sinn die Menschen zur Zeit der Entstehung des Glaubensbekenntnisses besser verstehen konnten als wir Heutigen. Aber weil dieses Glaubensbekenntnis in vielen Kirchen weltweit gesprochen wird und viele Kirchen und Glaubensgemeinschaften – wie unterschiedlich sie auch sein mögen – verbindet, lassen wir dieses Bekenntnis in seinen Formulierungen unangetastet und sprechen es im alten Wortlaut auch in unseren Gottesdiensten.

Die Alte Kirche hat noch ein anderes, umfangreicheres Glaubensbekenntnis hervorgebracht, das sogenannte „Nicänum" (angenommen auf dem Konzil von *Nicäa* 325 n. Chr., erweitert auf dem Konzil von Konstantinopel 381 n. Chr.). Es ist in unseren Gesangbüchern abgedruckt und findet bei besonders festlichen Gottesdiensten Verwendung.

EINE FRAGE ZUM NACHDENKEN:

Über ihren Glauben zu sprechen fällt vielen Menschen schwer. Woran kann das liegen?

WEITERE WICHTIGE BIBELSTELLEN ZUM THEMA:

- Glauben heißt vertrauen: 1.Mose 15,1–6 + Röm 4,16b–24; Mt 8,5–13; Mk 9,23–24; Joh 20,29.
- Glaube ist Gottes Geschenk: Joh 6,63.65; 14,26; Röm 10,14–21; 12,3; 1. Kor 2,4–5; Eph 1,15–19a; 1.Thess 1,5–6.
- Glaube will bekannt werden: Mt 10,32–33; Apg 4,12.20; Röm 1,16; 10,9–10; 1.Petr 3,15–16.
- Der dreieinige Gott: Joh 14,26; 1.Kor 12,4–6; 2.Kor 1,21–22; Jud 20–21.

II. Ich glaube an Gott, den Schöpfer ...

1. Biblische Schöpfungsberichte und Naturwissenschaft

a) Weltbilder und Weltentstehung

Immer wieder haben sich Menschen Gedanken darüber gemacht, wie die Welt zu beschreiben ist und wie sie entstanden sein könnte. Betrachten wir drei Modelle:

■ *Das ptolemäische Weltbild:* Um 140 nach Christus beschrieb der Ägypter Ptolemäus die Welt so: Im Mittelpunkt der Welt steht die Erde. Um die Erde kreisen Sonne, Mond und die anderen Sterne.

■ *Das kopernikanische Weltbild:* Nikolaus Kopernikus gelangte aufgrund seiner Beobachtungen der Gestirne um 1500 n. Chr. zu einer anderen Weltsicht als Ptolemäus: Im Mittelpunkt des Weltalls steht die Sonne, die von den Planeten umkreist wird. Auch die Erde umkreist die Sonne. Der Mond läuft in einer Umlaufbahn um die Erde.

■ *Die Urknalltheorie:* Das kopernikanische Weltbild wurde abgelöst durch die Erkenntnis, dass es nicht nur ein Sonnensystem im Weltall gibt, sondern mehrere. Nach der modernen „Urknalltheorie" ist die Welt so entstanden: Im Anfang verdichtete sich ein Gemisch aus Elementarteilchen und Wasserstoffgas so stark, dass es explodierte („Urknall") und in vielen Milchstraßen auseinanderstrebte. Die einzelnen Milchstraßen bestehen aus Unmengen von „Sternen": Planeten, Sonnen usw. Auf diese Weise ist auch unsere Erde entstanden als ein Teil unserer Milchstraße, um die Sonne kreisend.

Es ist durchaus möglich, dass künftige Naturwissenschaftler – etwa aufgrund zunehmender Weltraumerforschung – zu noch ganz anderen Aussagen über die Weltentstehung gelangen.

b) Wie sind die Schöpfungsaussagen der Bibel zu verstehen?

Im Kindergarten, im Kindergottesdienst oder durch Bilderbücher erfahren viele Kinder schon früh etwas von den Schöpfungsaussagen, die ganz am Anfang der Bibel stehen. Kinder behalten beispielsweise, dass Gott die Welt in sieben Tagen geschaffen hat. Später erfahren sie in der Schule etwas von naturwissenschaftlicher Welterklärung (z.B. „Urknalltheorie"). Für sehr viele taucht dann ein großes Problem auf: Was stimmt denn nun? Hat Gott die Welt in sieben Tagen erschaffen? Oder ist die Welt vor Millionen von Jahren durch einen „Urknall" entstanden? Wem soll ich glauben? Hat die Naturwissenschaft recht? Oder hat die Bibel recht? Wir werden sehen, dass wir die naturwissenschaftliche Welterklärung und den Glauben an Gott, den Weltschöpfer, nicht gegeneinander ausspielen müssen, sondern dass wissenschaftliche Weltbeschreibung und biblische Schöpfungsaussagen einander geradezu ergänzen können.

Wer 1.Mose 1–2 aufmerksam liest, dem entgeht nicht, dass die Bibel auf ihren ersten Seiten *zwei unterschiedliche Schöpfungsdarstellungen* enthält: 1.Mose 1,1 – 2,4a und 1.Mose 2,4b–25. Die Bibel spricht also nicht nur von der Erschaffung der Welt durch Gott in sieben Tagen! In der zweiten Schöpfungsgeschichte bleibt es ganz offen, wie lange der Schöpfungsvorgang dauerte. Um diese Geschichten nicht misszuverstehen, ist es wichtig, dass wir uns bewusst machen, *wo* sie aufgeschrieben sind. Sie finden sich in der *Bibel*, also *nicht in einem naturwissenschaftlichen Werk*!

Die Bibel ist *nicht* daran *interessiert*, uns in erster Linie etwas über das *Wie* der Entstehung der Erde mitzuteilen. Die Bibel antwortet auf andere Fragen, z.B.: *Wer* hat alles geschaffen? *Wozu* wurde alles erschaffen? Welche Stellung hat der *Mensch* gegenüber Gott und innerhalb der Geschöpfe Gottes? Wenn ich wissen will, *wie* alles geschaffen wurde, dann nehme ich ein naturwissenschaftliches Werk zur Hand. Die Unterschiedlichkeit der beiden Schöpfungsgeschichten der Bibel kann uns deutlich machen, dass es der Bibel *nicht* um die Darstellung des Themas geht: „*Wie* hat Gott die Welt geschaffen?"

Nach der ersten Schöpfungserzählung hat Gott den Menschen *am Ende von allem* geschaffen (1.Mose 1,26–27), nach der zweiten Erzählung *ganz am Anfang* (1.Mose 2,7). Wenn wir allein an der Frage interessiert sind, *wie* Gott die Welt geschaffen hat, dann geben uns beide Darstellungen einander widersprechende Antworten. Entweder schuf Gott den Menschen am Anfang oder am Ende. Die Menschen, die die Bibel aufgeschrieben haben, störten sich aber nicht an dieser unterschiedlichen Darstellungsweise. Denn es interessierte sie nicht so sehr, herauszufinden, *wie* Gott die Welt geschaffen hat. Diese Frage interessiert *uns*, die wir durch naturwissenschaftliche Bildung geprägt sind. Für die Menschen damals waren andere Fragen von größerer Bedeutung: *Wer* hat alles geschaffen? *Wozu* wurde der Mensch erschaffen? Auf diese Fragen geben beide recht unterschiedlichen Schöpfungsgeschichten die *gleiche* Antwort:

Die *ältere Schöpfungsgeschichte (1.Mose 2, 4b–25)* wurde von einem Mann aufgeschrieben, der vermutlich um 1000 v. Chr. am Hofe König Davids in Jerusalem gewirkt hat. Er überschreibt seine Geschichte mit den Worten: „Es war zu der Zeit, als Gott der Herr Erde und Himmel machte" (1.Mose 2,4b). Diese Schöpfungserzählung lässt sich in Form von

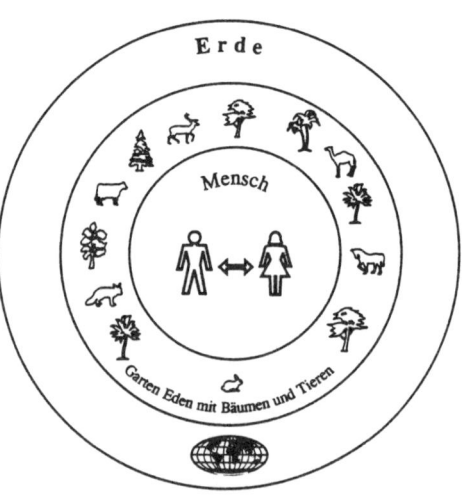

Kreisen bildlich darstellen (⇧). Eine ihrer wesentlichen Aussagen wird so deutlich: *Der Mensch ist der Mittelpunkt der Schöpfung.*
Die *jüngere Schöpfungsgeschichte (1.Mose 1,1 – 2,4a)* wurde von israelitischen Priestern um 550 v. Chr. oder später in Babylon verfasst, als ein großer Teil des Volkes Israel im babylonischen Exil leben musste. Ihre Überschrift lautet: „Am Anfang schuf Gott Himmel und Erde" (1.Mose 1,1). Diese Schöpfungsgeschichte kann man gut mit einer Pyramide darstellen. Eine ihrer wesentlichen Aussagen wird auf diese Weise anschaulich: *Unter den Geschöpfen hat der Mensch die höchste Stellung* (⇨ S.41).
Wenn man beide im Einzelnen unterschiedlichen Geschichten miteinander vergleicht, dann wird klar, dass ihre *Hauptaussagen übereinstimmen*: **1.** Nicht der Zufall, nicht der Gott der Babylonier (Marduk) oder ein anderer Gott, der irgendwo auf dieser Welt angebetet wird,

sondern der *Gott Israels* hat Himmel und Erde erschaffen. 2. Innerhalb der Geschöpfe Gottes hat der *Mensch* den höchsten Rang.

Hier unterscheidet sich die biblische Kernaussage über die Herkunft der Welt von gegenwärtigen naturwissenschaftlichen Theorien, sofern diese davon ausgehen, dass sich das Universum *ganz von selbst, d.h. „eigendynamisch"* entwickelt hat. In den ersten Kapiteln der Bibel wird dagegen bekannt, dass die Welt *Schöpfung* ist, dass sie also ihr Dasein dem *Willen und Wirken Gottes* verdankt, wie auch immer der Schöpfungsakt vor sich gegangen sein mag. Wenn wir im Glaubensbekenntnis die Worte „Ich glaube an Gott, den Vater, den Allmächtigen, den Schöpfer des Himmels und der Erde" sprechen, so bekennen auch wir damit die Allmacht Gottes des Schöpfers, der der Vater Jesu Christi und auch unser himmlischer Vater ist. Diesem allmächtigen Schöpfervater gilt unser Vertrauen.

c) Die biblischen Schöpfungsberichte sind Glaubensbekenntnisse

Die Schöpfungserzählungen der Bibel haben also den Charakter von *Glaubensbekenntnissen*, die *in erzählender Weise* entfalten, was der 1. Artikel des apostolischen Glaubensbekenntnisses mit wenigen Worten bezeugt. Die biblischen Schöpfungsgeschichten bringen den Glauben an Gott den Schöpfer mit einer anderen Art der Weltbeschreibung zum Ausdruck, als wir es von naturwissenschaftlichen Fachbüchern der Gegenwart her kennen. Anders konnten sie es nicht tun, weil ihre Verfasser um 1000 beziehungsweise 550 v. Chr. und nicht in unserer naturwissenschaftlich geprägten Gegenwart lebten.

Ihr Weltbild ist ein „*Weltbild des Auges*", denn sie beschrieben Himmel und Erde so, wie sie sie sahen und erlebten. Wenn wir heute Lebenden von den inzwischen vorliegenden naturwissenschaftlichen Erkenntnissen nichts wüssten, würden wir die Erde vermutlich ganz ähnlich beschreiben. Jeder Urlauber, der am Meeresstrand steht und das Meer, den Horizont und den Himmel betrachtet, kann das „Weltbild des Auges" persönlich nachvollziehen (⇩):

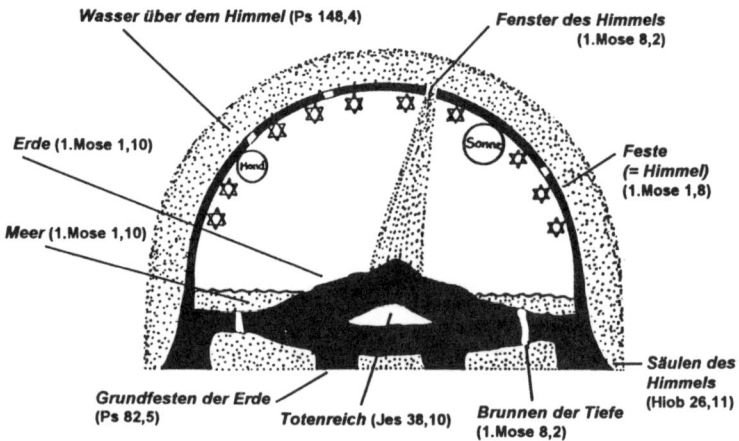

Der Himmel wirkt wie eine große Glocke („Feste"), die sich über der Erde erhebt. Die Erde ragt aus dem Wasser heraus. Erde und Himmelsgewölbe ruhen auf Säulen, denn die Erde schwankt nicht im Wasser. Über dem Himmelsgewölbe (Glocke) ist ebenfalls Wasser, denn die Farbe des Meeres und die des Himmels ist in gleicher Weise blau. Der Regen bestätigt: ab und zu öffnen sich die „Fenster des Himmels" und lassen das Wasser oberhalb des Himmelsgewölbes auf die Erde herabtropfen. Sonne, Mond und Sterne wirken wie Lampen am Himmelsgewölbe. Die Toten werden in der Erde bestattet. Unterhalb der Erdoberfläche muss also das „Totenreich" sein.

Züge dieses Weltbilds des Auges finden wir besonders deutlich in 1. Mose 1,6–10.16–18 wieder. Die Menschen damals haben also Gott den Schöpfer *in ihrer Weltsicht* bekannt. In unserer Zeit können wir unseren Glauben an Gott den Schöpfer auch *entsprechend unserer Weltsicht* ausdrücken. Eine „Gilde katholischer Ingenieure Deutschlands" hat ein Bekenntnis zu Gott dem Schöpfer verfasst. Es stellt die

Aussagen des 8. Psalms, eines alttestamentlichen *Lobliedes auf Gott den Schöpfer*, mit Hilfe von Ergebnissen naturwissenschaftlicher Forschung dar:

„Herr, unsere Astronomen haben die Tiefe des Weltalls gemessen und die Zahl seiner Sterne bestimmt. Herr, sie sagten, es gäbe unzählige Milchstraßen, und jede hätte unzählige von Sonnen.

Herr, da fiel es uns schwer zu glauben, dass der Mensch mehr sei als ein Tropfen im Ozean, als ein Sandkorn am Strande des Meeres, als eine Ameise am Boden des Waldes.

Herr, da fiel es uns schwer zu glauben, dass du jeden von uns kennst – und liebst, dass du deinen Sohn zu uns gesandt hast und ihn leiden ließest für uns.

Herr, doch jetzt haben unsere Gelehrten entdeckt, dass eine ganze Milchstraße nötig war, um unsere Erde entstehen zu lassen. Herr, nun haben sie gefunden, dass seit dem Tage der Welt alles Wachsen und Werden auf ihr nur den einen Sinn hatte: den Menschen hervorzubringen.

Herr, so schuf also deine Liebe Himmel und Erde um des Menschen willen, dass er dich in allem erkenne und liebe.

Herr, wie wunderbar sind deine Gedanken und Werke, und wie klein, Herr, ist unser Glaube."[2]

EINE FRAGE ZUM NACHDENKEN:

„Nach der Bibel hat Gott die Welt und die Menschen in sieben Tagen erschaffen. Die Naturwissenschaft hat uns aber gelehrt, dass sich die Erde, das Leben auf Erden und die Menschheit innerhalb eines unvorstellbar langen Zeitraums entwickelt haben. Es kann also nicht stimmen, was die Bibel sagt." – Wie können wir diesem Einwand begegnen?

WEITERE WICHTIGE BIBELSTELLEN ZUM THEMA:

- Weitere Schöpfungsaussagen im AT: Hiob 9,4–10; 12,7–15; 26,2–14; Ps 8; 24,1–2; 33,6–9; 104; 139,13–17; Jes 40,12–18; 42,5; 44,24; 48,12–13; Am 4,13; 9,6.
- Das NT baut auf den Schöpfungsaussagen des AT auf: Mk 10,6; Lk 3,38; Apg 4,24; 14,15; Röm 1,20.25; 2.Kor 4,6; Offb 4,11; 10,6.

2. Wie Gott sich das Leben auf der Erde vorgestellt hat

a) Leben kann sich „sehr gut" entfalten (1.Mose 1,31)

Ziemlich am Ende der ersten Schöpfungsgeschichte steht der Satz: „Und Gott sah an alles, was er gemacht hatte, und siehe, es war sehr gut" (1.Mose 1,31). Gott prüft seine Schöpfung und nennt sie *„sehr gut"*. Das bedeutet nicht: „Bravo, das habe ich toll hingekriegt!" Sondern die Worte „es war sehr gut" meinen: *Es funktioniert*, es ist alles so geordnet und eingerichtet, dass Leben sich entwickeln und entfalten kann. Pflanzen können wachsen, Tiere haben ihren Lebensraum, und auch der Mensch kann sich auf der Erde einrichten. Natur und Bodenschätze kann er nutzen.

Alles Leben läuft nach bestimmten Ordnungen und Gesetzen ab, die Gott seiner Schöpfung eingegeben hat. Die Erde z.B. kreist in einer elliptischen Bahn um die Sonne. Außerdem dreht sie sich um sich selbst. Durch diese Ordnung ist der lebensnotwendige Rhythmus von Tag und Nacht gewährleistet und auch die lebenswichtige Abfolge der Jahreszeiten (Frühling, Sommer, Herbst und Winter). Ohne diese der Schöpfung von Gott eingegebenen Ordnungen wäre kein Leben auf Erden möglich. Wenn z.B. die Laufbahn der Erde um die Sonne Schwankungen unterworfen wäre, würde es bei größerer Entfernung von der Sonne viel zu kalt und bei geringerem Abstand viel zu heiß auf der Erde sein. Alles Lebendige würde erfrieren oder verbrennen. *Durch die Gesetze und Ordnungen der Welt und der Natur erhält Gott die Erde und uns Menschen am Leben.*

b) Der Mensch: Mitarbeiter in Gottes Schöpfung (1.Mose 1,28)

Die Schöpfungsgeschichten vom Anfang der Bibel haben uns deutlich gemacht, dass wir Menschen den höchsten Rang innerhalb der Geschöpfe Gottes haben (s. II Nr.1b S.40–41). Dem entspricht der Auftrag, den Gott uns gibt: „Seid fruchtbar und mehret euch und füllet die Erde und *machet sie euch untertan* und *herrschet* über die Tiere im Meer und über die Vögel unter dem Himmel und über das Vieh und über alles Getier, das auf Erden kriecht" (1.Mose 1,28). Der Schöpfungsauftrag des Menschen lautet also: Füllt die Erde, macht sie euch *dienstbar* (= untertan) und herrscht über die Tierwelt. Um dieser Auf*gabe* nachzukommen, hat Gott uns Menschen besondere *Gaben* geschenkt, insbesondere einen *schöpferischen Geist*. Einige Beispiele dafür:

◆ Mit Hilfe einer ausgeklügelten Bautechnik kann der Mensch gewaltige Bauwerke errichten. ◆ Mit landwirtschaftlichen Produktionsmethoden haben die Menschen es gelernt, Nahrungsmittel zu erzeugen, um das menschliche Leben zu erhalten. ◆ Im Laufe der Zeit ist es der medizinischen Forschung gelungen, immer mehr Krankheiten zu bekämpfen. Die Entwicklung neuartiger Instrumente und Apparate hilft den Ärzten, das Leben von Patienten zu bewahren. ◆ Der schöpferische Geist befähigt uns Menschen dazu, Gefühle und Gedanken zum Beispiel in Form von Musik zum Ausdruck zu bringen. ◆ Das künstlerische Gestalten des Menschen ist nicht auf die Musik beschränkt. Große Bauwerke, berühmte Plastiken, Bilder oder Filme zeugen von der schöpferischen Gestaltungskraft menschlichen Geistes. Ebenso die Produkte von Dichtern, Schriftstellern und Graphikern. ◆ Zu den herausragenden Merkmalen menschlicher Fähigkeiten gehört die Sprache. Sie trägt zur Verständigung der Menschen untereinander bei. Durch das Gespräch lassen sich Probleme lösen oder vermeiden. Im Gespräch teilen wir uns anderen Menschen und Gott mit. ◆ Zu den schöpferischen Fähigkeiten des Menschen gehören auch Phantasie und Liebe: das Denken vom anderen her – das Handeln in seinem Sinn.

„Macht euch die Erde untertan und herrscht" (1.Mose 1,28): diese Aussage der ersten Schöpfungsgeschichte wird ergänzt durch Worte der zweiten Schöpfungserzählung: „Und Gott der Herr nahm den Menschen und setzte ihn in den Garten Eden, dass er ihn *bebaute und bewahrte*" (1.Mose 2,15). Beide Aussagen muss man zusammensehen! Wir Menschen haben einen Schöpfungsauftrag erhalten zur Mitgestaltung dieser Erde („bebauen und bewahren"), aber keinen Freibrief zu verantwortungslosem Handeln (Zerstörung der Umwelt). Verantwortungsvolle Mitarbeiter in Gottes Schöpfung können wir allerdings nur sein, wenn wir uns als Geschöpfe Gottes, unseres himmlischen Vaters, verstehen. Wenn wir Gott den Schöpfer als unseren Herrn anerkennen, der *uns* etwas zu sagen hat. Nach Gottes Absicht sind wir Menschen erst dann richtig Menschen, wenn wir *mit* und *nicht ohne ihn* leben. Darüber wollen wir im folgenden nachdenken.

c) Gott schuf den Menschen zu seinem verantwortlichen Gegenüber (1.Mose 1,27)

In der ersten Schöpfungsgeschichte findet sich der Satz: „Und Gott schuf den Menschen zu seinem Bilde, zum Bilde Gottes schuf er ihn" (1.Mose 1,27). Was ist mit diesen Worten gemeint? Vergleiche hinken zwar, aber sie können dennoch hilfreich sein. So soll uns der Vergleich mit einem *Spiegelbild* klarmachen, was die *Schaffung des Menschen zum Bilde Gottes („Ebenbild")* bedeutet:
Wir schauen in einen Spiegel. Wir sehen dort unser Spiegelbild, weil wir dem Spiegel *gegenüber*stehen. Wir sehen uns von Angesicht zu Angesicht. Wenn wir uns vom Spiegel abwenden, dann können wir uns nicht mehr sehen. Wenn die Bibel von der Erschaffung des Menschen „zum Bilde Gottes" spricht, dann meint sie damit etwas Ähnliches: Gott schafft sich im Menschen ein *Gegenüber*. Er will mit dem Menschen Kontakt haben von Angesicht zu Angesicht, so wie man in den Spiegel schaut und sich dann von Angesicht zu Angesicht sieht. Brechen wir hier den Vergleich ab. Er sollte uns verdeutlichen, dass die Bibel mit der Aussage von der Erschaffung des Menschen zum (Eben)bild Gottes an ein *Geschehen zwischen Mensch und Gott* denkt, genauer an ein *Gespräch*, das zwischen uns Menschen und Gott stattfinden soll. Gott will mit uns und wir sollen mit Gott sprechen, wie Menschen sich einander zuwenden, wenn sie miteinander reden. Wenn ein Mensch sich von seinem Gesprächspartner abwendet, dann unterbricht er den Kontakt von Angesicht zu Angesicht. Wenn wir Gott den Rücken kehren, dann unterbrechen wir den Kontakt zu Gott, dann kann er uns nichts mehr direkt sagen und auch wir ihm nicht (⇩).

Ja   **Nein**

Die Aussage „Gott schuf den Menschen zu seinem Bilde" bedeutet also: Gott schuf den Menschen zu seinem ver-*antwort*-lichen *Gegenüber*, mit dem er reden, das ihm *antworten* kann. Der Mensch ist nur Mensch, wie Gott ihn gemeint hat, wenn er Kontakt mit Gott hat. Wenn er Gott über sich als Herrn anerkennt. Wenn er auf Gott hört, wenn er damit zufrieden ist, *Mensch*, also Gottes Geschöpf zu sein.

d) Zusammenfassung

Gott übergibt dem Menschen die Erde, dass er sie nutze und gestalte, bebaue und bewahre. Er stellt dem Menschen Natur und Bodenschätze zur Verfügung. Er hat den Menschen mit einem schöpferischen Geist ausgerüstet, damit er sein Leben auf dieser Erde gestalten kann. Immer aber gilt: Dieses alles soll der Mensch als *Gottes verantwortliches Gegenüber* tun, also als einer, der *mit* seinem Schöpfer lebt. Er soll Herrscher über die Erde sein als einer, der im ständigen Gespräch mit Gott steht. Als „Verwalter" der Schöpfung ist er dem Herrn der Schöpfung verantwortlich (Ps 8,7; 24,1) und soll die Erde *bewahren*. Wenn der Mensch so lebt, dann behält der Ausspruch Gottes Gültigkeit: „Und siehe, es war sehr gut" (1.Mose 1,31). Dann kann sich blühendes, harmonisches Leben auf Erden entfalten.

Eine Frage zum Nachdenken:

Gott erhält seine Schöpfung, aber auch jeden einzelnen Menschen. So heißt es in Ps 54,6: „Siehe, Gott steht mir bei, der Herr erhält mein Leben."
- Fallen uns Situationen aus unserem Leben ein, an denen (besonders) deutlich wird, dass Gott unser Leben erhalten hat?
- Nach der Beantwortung dieser Frage lohnt es sich, die Strophen 2–4 des Liedes „Lobe den Herren, den mächtigen König der Ehren" zu bedenken (Evangelisches Gesangbuch Nr. 316).

Weitere wichtige Bibelstellen zum Thema:
- Gott erhält seine Schöpfung: 1.Mose 8,22; 9,8–17; Ps 104; Jer 33,25–26; Mt 6,25–34.
- Der Mensch als Gott ver-*antwort*-liches Gegenüber: 1.Mose 3,9; 5.Mose 4,1; 7,12; 1.Sam 3,10; Pred 11,9; Mt 7,24–27; 25; Apg 5,29; 2.Kor 5,10.

3. Die Menschen entfernen sich von Gott (Sünde)

a) Die Geschichte vom „Sündenfall" sagt uns, wer wir Menschen sind (1.Mose 3,1–24)

Vermutlich haben Sie schon einmal ein Bild gesehen, auf dem „Adam und Eva" dargestellt sind. Häufig sieht man sie vor einem Apfelbaum stehen, um dessen Stamm sich eine Schlange ringelt. Solche Bilder führen leicht zu einem Missverständnis der Geschichte vom Sündenfall. Das Missverständnis besteht darin, dass wir „Adam" und „Eva" für zwei ganz bestimmte, der Vergangenheit angehörige Personen, also für die „ersten Menschen" halten. Nun will aber die *sinnbildliche* Geschichte vom Sündenfall mit ihrer Darstellung vom Verhalten des Mannes und seiner Frau etwas *für uns Menschen Typisches* beschreiben, das Bedeutung auch für unsere Gegenwart hat.
Bereits die *Namensgebung* des Menschenpaares von 1.Mose 3,1–24 macht deutlich, dass hier wesentliche Züge *unseres* Menschseins beschrieben werden sollen: „Adam" hängt mit dem hebräischen Wort „adamah" (= Erde) zusammen und bedeutet „der Irdische". Damit soll der Mensch charakterisiert werden als einer, dessen Leben an diese Erde gebunden ist (1.Mose 3,19). – „Eva" – hebräisch „chawwa" – ähnelt dem hebräischen Wort für „Leben" und bedeutet „Mutter des Lebens" (1.Mose 3,20). So wird deutlich gemacht, dass durch die Kinder gebärende Frau das menschliche Leben weitergegeben wird. „Adam" und „Eva" sind also nicht einfach nur Eigennamen wie Martin und Barbara, sondern es handelt sich um sinnbildliche Namen, mit denen der Mensch – sei er männlich oder weiblich – charakterisiert werden soll. „Adam" und „Eva" stellen also ein Menschenpaar dar, mit dem die Bibel beschreibt, was für uns Menschen typisch ist. Was von ihnen erzählt wird, das *gilt für alle*, ob Mann oder Frau, ob vor langer Zeit oder heute lebend. Wenn wir uns mit „Adam" und „Eva" beschäftigen, dann hält die Bibel uns gewissermaßen einen Spiegel vor: So wie sich diese Menschen Gott gegenüber verhalten, so verhalten auch wir uns ihm gegenüber. Die Geschichte vom Sündenfall will uns sagen, wer *wir* sind. Wir werden das in den folgenden Überlegungen immer wieder entdecken.

b) Gott schenkt den Menschen Freiheit

Gott hat uns Menschen nicht als Roboter geschaffen, die so funktionieren, wie sie von ihrem Schöpfer programmiert worden sind. Sondern Gott hat uns Menschen zum *freien Gegenüber mit eigenem Willen* geschaffen. Wir haben zwei Möglichkeiten, unsere Freiheit zu gebrauchen: Mit Gott leben, auf seine Stimme hören und seine Gebote beachten; oder Gott den Rücken kehren, nicht auf ihn hören und es besser wissen wollen als Gott (s. II Nr.2c S.46–47).

c) Die Menschen gebrauchen ihre Freiheit gegen Gott

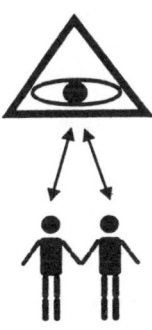

Gott gibt ein Gebot (1.Mose 2,16–17): Damit der Mensch eine *echte Möglichkeit* erhält, sich in seiner Freiheit Gott gegenüber zu bewähren, gibt Gott ihm ein Gebot (⇦). So hat der Mensch die Möglichkeit, Gott freiwillig gehorsam zu sein – oder nicht. Die Geschichte vom Garten Eden bringt das so zum Ausdruck: Gott sagt zu den Menschen: Von allen Bäumen des Gartens dürft ihr essen, doch von dem Baum der Erkenntnis des Guten und Bösen nicht. Sobald ihr davon esst, müsst ihr sterben. Also: Erlaubnis zu allem – mit einer Einschränkung. Es ist eigentlich nicht schwer, dieses Gebot Gottes zu halten.

Die Menschen werden versucht, Gottes Gebot zu übertreten (1.Mose 3,1–5): Die Menschen geraten in eine Versuchungssituation. Die Sündenfallgeschichte stellt das mit Hilfe einer sprechenden Schlange dar, die den Menschen zur Übertretung von Gottes Gebot bewegen will. Die Schlange sät *Misstrauen gegen Gott.* Ihr werdet gar nicht sterben, wenn ihr von dem betreffenden Baum esst, sagt sie, Gott hat euch das nur verboten, weil er euch klein und unmündig halten will. Sobald ihr aber davon esst, werden euch die Augen aufgehen. Dann werdet ihr wissen, was gut und böse ist. Dann werdet ihr *sein wie Gott selber!* „Sein wie Gott" bedeutet: gleichrangig mit Gott sein, von Gott unabhängig sein, sich von ihm nichts sagen lassen müssen. So etwas reizt uns Menschen sehr. Wir möchten niemanden über uns haben, auch Gott nicht.

Die Menschen erliegen der Versuchung (1.Mose 3,6): Der Mensch ist nicht damit zufrieden, *Mensch, also Gottes Geschöpf,* zu sein. Er will mehr – er will *sein wie Gott selber* (vgl. das Märchen vom „Fischer und seiner Frau"). Die Vorstellung, Gott gleich sein zu können (↪), reizt den Menschen so stark, dass er der Versuchung erliegt und das Gebot Gottes übertritt. Die biblische Geschichte beschreibt das so: Die Frau sieht, dass die Frucht des Baumes „eine Lust für die Augen" und sehr „verlockend" ist. Da nimmt sie und isst, gibt auch ihrem Mann, und der macht einfach mit und isst auch.

Die Bibel erklärt nicht, warum die Menschen Gott misstrauen, der Versuchung erliegen und Gottes Gebot übertreten. Sie stellt nur fest, dass sie es tun. Dass die Menschen also die Freiheit missbrauchen, die Gott ihnen gegeben hat. Diesen Missbrauch der Freiheit nennt die Bibel *„Sünde"*. – Die *Sünde* – das ist das Bestreben des Menschen, Gott gleich, also von Gott unabhängig sein zu wollen – begegnet uns heute in vielerlei Gestalt: Etwa wenn Menschen Gottes Gebote nicht beachten, eigene Lebensregeln aufstellen und damit zum Ausdruck bringen, dass sie es besser wissen als Gott selber. Etwa wenn Menschen dem Wort Gottes (Bibel/Predigt) aus dem Wege gehen, um sich ja nichts von Gott sagen lassen zu müssen. Oder wenn einer Christen, die sich durch Worte und Taten zu Christus und seiner Gemeinde bekennen, verächtlich macht. Im Hintergrund kann seine Rebellion gegen Gott stehen.

d) Das harmonische Verhältnis der Menschen zu Gott zerbricht

Die Menschen gehen zueinander auf Distanz (1.Mose 3,7): Die alte Geschichte sagt: Nach der Übertretung des Gebots gehen den Menschen die Augen auf. Sie erkennen, dass sie nackt sind. Sie können es auf einmal nicht mehr ertragen, nackt und ungeschützt einander zu begegnen. Sie gehen voreinander „in Deckung" (⇨), indem sie ihre Blöße mit Schurzen aus Feigenblättern zudecken. –  „Sich keine Blöße voreinander geben" ist geradezu eine Redewendung geworden, die Typisches über uns Menschen aussagt: Wer traut es sich schon zu, Schwächen und Fehler anderen Menschen gegenüber zuzugeben? Wer gesteht einem anderen Menschen Schwächen und Fehler zu, ohne ihn zu verurteilen?

Die Menschen gehen Gott gegenüber auf Distanz (1.Mose 3,8): Die Sündenfallgeschichte beschreibt sehr plastisch, dass Gott am Abend im Garten Eden „spazierengeht". Die Menschen hören ihn und verstecken sich vor ihm.

Sie können Gott nicht mehr von Angesicht zu Angesicht begegnen (⇦). Sie können seine direkte Gemeinschaft nicht mehr ertragen. Sie haben plötzlich Angst vor Gott, weil sie sich schuldig fühlen. – Angst vor Gott und Schuldgefühle gegenüber Gott können bei heutigen Menschen im Hintergrund stehen, wenn sie sich in der Weise vor Gott „verstecken", dass sie z.B. den Gottesdienst meiden „wie der Teufel das Weihwasser".

Gott fordert die Menschen auf, sich vor ihm zu verantworten (1.Mose 3,9–13): Gott erkennt am furchtsamen Verhalten der Menschen, dass sie sein Vertrauen missbraucht, ihm misstraut und sein Gebot übertreten haben. Er fordert die Menschen auf, ihr Verhalten vor ihm – ihrem Schöpfer – zu *verantworten* (⇨). Die Menschen *antworten*, indem sie sich zu *ent-schuldigen* versuchen. Sie sind aber nicht bereit, zu ihrer Tat zu stehen. Der Mann wälzt seine Schuld auf die Frau ab und macht dabei auch Gott noch einen Vorwurf: Die Frau, die *du* mir gegeben hast, hat mich verführt. Was kann also *ich* dafür? Die Frau ist ebenfalls nicht bereit, zu ihrer schuldhaften Tat zu stehen. Sie wälzt ihre Schuld auf die Schlange ab: Die Schlange hat mich

verführt, da habe ich gegessen. Was kann also *ich* dafür? Schuld abstreiten und/oder auf andere abschieben: dieses Verhalten ist für uns Menschen typisch, sagt die alte Geschichte. – Heute ist es nicht anders, wie folgendes Beispiel zeigt: Ehepaar Linsenhoff fährt zum Einkaufen zu einem großen Supermarkt außerhalb des Stadtzentrums. Als sie mit voll beladenem Einkaufswagen zu ihrem Auto zurückkommen, stellen sie an einer großen Beule fest, dass jemand mit seinem Wagen die rechte Seite ihres Autos gerammt hat. Vom „Täter" außer der Beule keine Spur. Er hat sich aus dem Staub gemacht, weil er nicht bereit war, seine Schuld zuzugeben und dafür einzustehen.

Die Menschen können nicht mehr in Gottes direkter Gemeinschaft leben (1.Mose 3,22–24): Bisher hat uns die Geschichte deutlich gemacht, dass die Gebotsübertretung Folgen hat: Die Menschen gehen zueinander auf Distanz. Das ungebrochene Vertrauensverhältnis zu Gott ist vorüber. Die Menschen bekommen Angst vor Gott und verstecken sich. Sie können vor Gott nicht die Verantwortung für ihre Tat übernehmen. Sie beschuldigen andere für ihr eigenes Versagen. Sie machen daraus sogar Gott selber einen Vorwurf. Die Harmonie zwischen Gott und Mensch ist also gestört. Gott zieht die Konse-

52

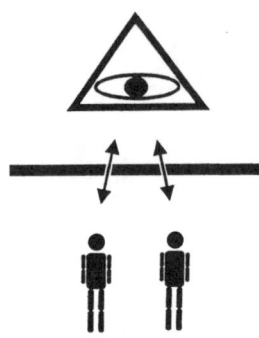

quenz aus dieser Tatsache. Nach der alten Geschichte müssen die Menschen den Garten Eden verlassen, in dem sie vor der Gebotsübertretung in ungetrübter Gemeinschaft mit Gott gelebt hatten. Das ist jetzt vorbei. Der „Sündenfall" hat einen Bruch in das Verhältnis Gott — Mensch gebracht. – Und so erleben wir es auch heute. Wenn wir Kontakt mit Gott haben, dann geschieht das nicht direkt wie im „Garten Eden", sondern indirekt. Wir können Gott nicht sehen. Wir können mit ihm nicht von Angesicht zu Angesicht reden. Wir leben im „Glauben", nicht im „Schauen" (2.Kor 5,7). Wir dürfen aber der verborgenen Gegenwart Gottes und seiner Menschenliebe vertrauen. Und wir können von uns aus Kontakt mit Gott halten, indem wir im Gebet mit ihm sprechen. Zu uns spricht Gott durch sein Wort, das er uns durch die Bibel und durch Menschen vermittelt, die uns sein Wort auslegen (⇑).

EINE FRAGE ZUM NACHDENKEN:

Die Geschichte vom „Sündenfall" ist keine angenehme, leicht zu akzeptierende Geschichte. Sie hält uns Menschen gewissermaßen einen Spiegel vor. So wie die in dieser Geschichte beschriebenen Menschen verhalten *auch wir* uns Gott gegenüber.
– Können wir uns in „Adam" und „Eva" wiederentdecken?
– Fällt uns das schwer?

WEITERE WICHTIGE BIBELSTELLEN ZUM THEMA:

● Sünde = Auflehnung gegen Gott: Ps 36,2; Jer 16,11–12; Hos 8,1; Röm 5, 10a; 7,7–25; 8,7.
● Sünde = Abfall von Gott: Jes 1,2; Jer 3,13–14; Hos 713.
● Sünde = Trennung von Gott: Jes 59,2; Röm 1,23–25.
● Sünde = Verfehlen des von Gott gesetzten Lebenszieles: Ps 1,6; 25,7–10; Röm 1,21.
● Sünde = Gott nicht vertrauen: Jes 30,1–3.7.15; Joh 16,9.
● Die Sündenfallgeschichte hinter wichtigen Aussagen des NT: Mt 4,1–11; vgl. Lk 3,23–38; Röm 5,12–21; 1.Kor 15,20–22.45.

4. Die Folgen der Entfremdung der Menschen von Gott und ihre Überwindung

a) Das menschliche Leben ist der Vergänglichkeit unterworfen (1.Mose 2,16; 3,22)

Gott hatte nach der alten Geschichte den Menschen gesagt: Wenn ihr von dem Baum der Erkenntnis des Guten und Bösen esst, müsst ihr sterben. Gott vollstreckt aber die Strafe nicht, sondern er lässt *Gnade vor Recht* ergehen. Er mildert die Strafe so ab, dass er den Menschen aus seiner direkten Gemeinschaft entfernt. *Doch soll der Mensch, der Gott misstraut und ein gebrochenes Verhältnis zu ihm hat, nach Gottes Willen nicht ewig leben. Darum unterwirft Gott sein Leben der Vergänglichkeit.* Krankheiten, Leiden und Altersgebrechen sind Zeichen der Vergänglichkeit, denen wir bereits im Leben begegnen. Am Ende unseres Lebens steht der Tod.

b) Die Harmonie zwischen den Menschen selber zerbricht (1.Mose 4,1–16)

 Bereits die Sündenfallgeschichte macht deutlich, dass die Menschen zueinander auf Distanz gehen: Sie bedecken ihre Blöße und machen sich Schurze. Wenig später beschuldigt ein Mensch den anderen. Nachdem die Menschen die direkte Gemeinschaft Gottes im Garten Eden verloren haben, wächst die Distanz zwischen ihnen (⇦). Die der Sündenfallerzählung (1.Mose 3) unmittelbar folgende *Geschichte von Kain und Abel* (1. Mose 4) bringt das zum Ausdruck.

Auch diese sinnbildlich zu verstehende Geschichte will *Wesentliches über uns Menschen* aussagen: „Adam" und „Eva" (= das typische Menschenpaar) haben den „Garten Eden" (= die direkte Gemeinschaft mit Gott) verlassen. Sie bekommen zwei Kinder: „Kain" und „Abel". *„Kain"* bedeutet „Lanze": er bringt seinen Bruder um. *„Abel"* heißt in deutscher Übersetzung „Hauch": er haucht sein Leben aus. Beide halten außerhalb des Gartens (= außerhalb der direkten Gemeinschaft mit Gott) Kontakt mit Gott durch Gebet und Opfer. Auch Gott spricht mit ihnen. Als aber Gott *in seiner göttlichen Freiheit* das Opfer Abels annimmt, das seines Bruders Kain aber nicht, da wird Kain neidisch. Er beginnt, seinen Bruder zu hassen und schlägt ihn tot. Das bedeutet: der Graben zwischen Menschen – sogar zwischen Geschwistern – kann so tief werden, dass einer den anderen hasst und ihm nach dem Leben trachtet. – Mord, Terrorismus, Krieg, Entführung, Erpressung oder Streit machen uns unübersehbar darauf aufmerksam, dass als *Folge* des Bruchs des harmonischen Verhältnisses zwischen Gott und Menschen nun auch die Harmonie der Menschen untereinander zerbrochen ist.

c) Die Harmonie mit der Umwelt zerbricht (1.Mose 3,16.19)

Das Leben der Menschen wird – verglichen mit dem harmonischen Leben im Garten Eden – mühselig. Die alte Geschichte drückt das so aus: Die Menschen müssen sich außerhalb des Gartens Eden „im Schweiße ihres Angesichts" ihr Brot verdienen (1.Mose 3,19). Die Frauen werden unter Schmerzen Kinder zur Welt bringen (1.Mose 3,16). – Dürrekatastrophen und Flutkatastrophen, Erdbeben und Unglücke aller Art belasten das Leben auf Erden. Sie weisen uns eindringlich immer wieder darauf hin, dass wir nicht im „Paradies", nicht in einer „heilen Welt", dass wir also *nicht in Gottes direkter,*

heilvoller Gemeinschaft leben (⟨↗⟩). – Gott hat die Menschen beauftragt, fruchtbar zu sein, die Erde zu füllen, sie sich untertan (= dienstbar) zu machen und über die Tiere des Meeres, des Himmels und die Landtiere zu herrschen (1.Mose 1,28). Die Menschen haben sich zwar durch die Übertretung von Gottes Gebot die direkte Gemeinschaft mit Gott verscherzt. *Aber an ihrem Schöpfungsauftrag hat sich dadurch nichts geändert!* Die Bibel macht das so deutlich: Adam und Eva müssen den Garten Eden verlassen. Aber sie beginnen, die Erde zu „füllen": Kain und Abel werden geboren. Kain wird ein Bauer, der sich mit der Landwirtschaft die Erde „untertan macht". Abel wird ein Schäfer. Er „herrscht" also über die Tiere.

Im Laufe ihrer Entwicklung hat es die Menschheit gelernt, ihre Herrschaft über die Natur immer weiter auszubauen. „Macht euch die Erde untertan und herrscht!" – diesen Gedanken von 1.Mose 1,28 hat man bereitwillig aufgegriffen. *Herrschen* (das bedeutet: „sich nichts sagen lassen müssen, sondern selber das Sagen haben") möchten wir Menschen zu gerne. In Vergessenheit geriet der nachfolgende biblische Satz, dass es *zugleich* unsere Aufgabe ist, die Erde „zu bebauen und zu bewahren" (1.Mose 2,15). Wir sollen uns die Erde untertan (= dienstbar) machen, wir sollen sie aber nicht jedem Zweck unterordnen. Wir sollen über die Tierwelt „herrschen", wir sollen die Tiere aber nicht ausrotten. Wir sollen die Erde bebauen, wir sollen sie aber nicht zubetonieren. Wir sollen die Erde bewahren, wir sollen aber nicht Raubbau mit den Bodenschätzen treiben. Die Erde ist nicht unser Eigentum, sondern sie gehört ihrem Schöpfer: Gott. Nicht wir sind die Herren der Welt, sondern *Gott* ist der Herr seiner Schöpfung (Ps 24,1). Die Menschen meinten, sie könnten die Ordnungen, die Gott der Natur eingegeben hat, ungestraft außer Kraft setzen. Wir wissen heute, dass menschliche Eingriffe in die Natur (z.B. Flussbegradigungen/Erhitzung der Flüsse durch Kraftwerke) sowie die Industrialisierung zu einer Umweltschädigung geführt haben, dass künftiges Leben auf dieser Erde überhaupt belastet ist. In vielen Flüssen und Seen können kaum noch Fische leben, weil sie zu wenig Sauerstoff enthalten oder auf andere Weise verseucht wurden. Die Luft ist durch Abgase so verschmutzt, dass ganze Wälder krank sind oder absterben, weil sie die mit dem Regen herunterkommenden Schadstoffe nicht mehr verkraften können. Der Mensch, der das Leben auf dieser Erde ohne Gott selbstherrlich regeln zu können meint, hat es inzwischen so weit gebracht, dass er alles zukünftige Leben auf Erden durch Umweltbelastung (Ozonloch!) oder durch Überrüstung mit chemischen und atomaren Waffen in Frage stellt. Vor ganz neue Fragen stellt uns die Gentechnologie, die das Leben von Pflanzen, Tieren und Menschen nachhaltig verändern wird.

d) „Welt ging verloren – Christ ward geboren"

Die Bibel macht uns gleich auf ihren ersten Seiten deutlich: **1.** Der Mensch hat von Gott die Freiheit erhalten, mit Gott oder gegen Gott zu leben. **2.** Er möchte gerne von Gott unabhängig sein. Darum übertritt er Gottes Gebot. **3.** Der Ungehorsam des Menschen gegenüber Gott führt zu einem Bruch im Verhältnis Gott — Mensch. Er verscherzt sich das direkte Zusammenleben mit Gott und kann nur noch im Glauben Kontakt mit Gott haben. **4.** Ohne Gottes direkte Gemeinschaft geht auch die Harmonie der Menschen untereinander in die Brüche (Kain und Abel). **5.** Von Gott getrennt muss der Mensch ein mühseliges Leben führen, das mit dem Tod endet. Das harmonische Verhältnis des Menschen zu seiner Umwelt ist ebenfalls gestört.

Der Mensch ist ohne Gott *„verloren"* wie der Sohn im *Gleichnis vom verlorenen Sohn* (Lk 15,11–24). Wie dem „verlorenen Sohn" geholfen wird, indem er zu seinem Vater (= zu Gott) zurückkehrt, so hilft Gott auch *uns* dadurch, dass er uns in seine Gemeinschaft zurückruft. Wenn wir wieder *mit Gott dem Schöpfer im Glauben leben*, dann werden wir Gott auch ernst nehmen und seine Gebote beachten. Wenn wir mit Gott dem Schöpfer leben, dann werden wir auch seine Geschöpfe wie auch die Natur achten. Nächstenliebe und Umweltschutz werden für uns zu Selbstverständlichkeiten.

Die Sündenfallgeschichte des AT sagt uns: Wir Menschen wollen gerne von Gott unabhängig sein. Das NT verkündigt uns die *frohe Botschaft von Jesus Christus: Er wurde geboren, um uns Menschen wieder mit Gott zusammenzubringen.* Wie es im Weihnachtslied „O du fröhliche" in der zweiten Strophe heißt: „Christ ist erschienen, uns zu versühnen." Von Gott entfremdete Menschen wollte Christus also mit Gott *versöhnen.* Darum sprach er immer wieder von Gott, dem *barmherzigen himmlischen Vater, der uns – seine Menschenkinder – liebt.* Wer von dieser Botschaft ergriffen ist, der fasst Vertrauen zu Gott. Er misstraut Gott nicht länger und will ihm nicht mehr davonlaufen. Er will nicht mehr ohne Gott leben. Er wird sich bemühen, Gottes Gebote zu beachten, weil sie dem harmonischen Zusammenleben mit Gott und den anderen Menschen dienen.

EINE FRAGE ZUM NACHDENKEN:

Jedes Weihnachtsfest singen wir das Lied „O du fröhliche". Ist uns die tiefe Bedeutung der ersten beiden Strophen dieses Liedes bewusst? Wir denken über sie nach: Evangelisches Gesangbuch Nr. 44.

WEITERE WICHTIGE BIBELSTELLEN ZUM THEMA:

- Der Tod als Folge der Sünde: Hes 18,23; Joh 8,24; Röm 5,12; 6,23; 8,6; Jak 1,15.
- Sünde und Schuld: Ps 32,2–5; Spr 5,22; Jes 1,4; Hes 33,10–11.
- Sünde als eine den Menschen bestimmende Macht: 1.Mose 4,7; Joh 8,34; Röm 5,21; 6,6–23.
- Überwindung der Sünde: Ps 51,3–6.12–14; Jes 43,24–25; 53,4–12; Joh 1, 29; 3,16; 8,34–36; Röm 3,23–24; 4,25; 5,18–19; 2.Kor 5,19–21.

II. Ich glaube an Jesus Christus ...

1. Gott kommt als Mensch zu seinen Menschenkindern

a) Jesus soll die Welt retten, nicht richten

Schlagzeilen in der Tagespresse erregen immer wieder unsere Aufmerksamkeit und unsere Gemüter, z.B.: *„Kinder im Internet zur Tortur angeboten"* – *„Raserei auf Autobahn führt zu Massenkarambolage"*. Schreckensmeldungen wie diese machen uns deutlich, dass wir in einer unharmonischen, unheilvollen Welt leben. Die Menschen reagieren sehr unterschiedlich auf diese bedrückende Seite unseres irdischen Lebens. Viele schließen Augen und Ohren zu und verdrängen das Böse in dieser Welt. Andere nehmen die unheilvolle Seite der Welt wahr. Sie machen daraus allerdings Gott einen Vorwurf und sagen: „Wie kann *Gott* das alles zulassen? Wenn es Gott gäbe, dann würde er doch Ungerechtigkeit, Hunger, Krieg und Leid beenden. Weil er es nicht tut, darum gibt es ihn nicht. Darum glauben wir nicht an Gott." Diese Menschen sehen Gott als den *großen Weltpolizisten* an, der uns Menschen nicht Freiheit zu verantwortlichem Handeln gibt, sondern der als der große Rächer oder als der Verhinderer von Ungerechtigkeit und Leid aufzutreten hat. – Wie soll man sich aber Gottes „polizeiliches" Eingreifen konkret vorstellen? Etwa so, daß er den Mörder, der sein Gewehr auf einen Menschen gerichtet hat, durch plötzlichen Herzstillstand an seinem bösen Vorhaben hindert?

Wir wissen aus Erfahrung, dass Gott in solcher Weise nicht handelt. Wenn er so auf menschliche Fehler reagieren würde, wäre niemand von uns seines Lebens mehr sicher. Denn Sünder sind wir alle. Gegen Gottes Gebote verstößt jeder von uns täglich mehrfach. Weil Gott uns Menschen *liebt*, darum geht er einen *anderen Weg*, um das Unheil dieser Welt zu überwinden. *Er sendet seinen Sohn Jesus Christus und ruft uns durch ihn in seine Gemeinschaft:* „Denn so sehr hat Gott die Welt geliebt, dass er seinen einzigen Sohn dahingab, damit alle, die an ihn glauben, nicht verlorengehen, sondern das ewige Leben haben" (Joh 3,16).

In seiner Gemeinschaft will Gott uns zu Menschen machen, die anderen Menschen und dieser Welt zum Segen werden: Menschen sollen wir bei ihm werden, die die Worte „Liebe" und „Frieden" nicht nur im Munde führen, sondern auch danach handeln. Christus will uns in seiner *„Schule des Glaubens"* zu friedfertigen und liebevollen Menschen erziehen: Wer durch die Beschäftigung mit seinen Worten und Taten mehr Verständnis für andere Menschen gewonnen hat, der wird beispielsweise einen spürbaren Betrag für eine Hilfsorganisation geben, die das Hungerelend in der Welt bekämpft (z.B. „Brot für die Welt") oder Leprakranken und Erblindeten hilft (z.B. die „Christoffel-Blindenmission"). Er wird sich also nicht damit herausreden: „Wie kann *Gott* das zulassen?", sondern er wird durch die Glaubensschule Christi zu einer selbstkritischen Einstellung und Verhaltensweise befähigt: „Wie kann *ich* es zulassen, dass es so viele Hungernde in dieser Welt gibt? Kann *ich* nicht irgendwo etwas dagegen tun?"

Indem Christus uns mit seiner Menschenliebe zu liebevollem Verhalten ansteckt, überwindet er den Hass und die Friedlosigkeit dieser Welt *in* uns und auch *durch* uns. So rettet Gott diese Welt: Er sendet Christus nicht als Rächer, sondern als *Retter* unter seine Menschenkinder. Viele Menschen kommen damit nicht klar, dass Gott so anders auf die Not und das Elend dieser Welt reagiert, als sie es erwarten. Sie halten an ihrem Bild von Gott, dem Weltpolizisten fest. Wenn sie dann aber erfahren, dass Gott nicht als Richter und Rächer handelt, dann korrigieren sie ihr falsches Gottesbild nicht, sondern sie zweifeln an „Gott". Sie zweifeln zu Recht. Diesen „Gott", diesen Weltpolizisten gibt es in der Tat nicht.

Die Bibel sagt: Gott ist der Vater Jesu Christi. Er sendet Christus, seinen Sohn, als *Mensch zu uns Menschen*. Er begegnet uns also menschlich, damit wir Menschen seine Nähe verkraften und seine Worte und Taten *verstehen* können. Er kommt zu uns also nicht in der Fülle seiner göttlichen Allmacht – die könnten wir Menschen nicht ertragen –, sondern er kommt als Mensch zu uns. So überwindet Gott selber die Distanz, die uns Menschen von ihm trennt – zu unserer Rettung: „Denn Gott hat seinen Sohn *nicht* in die Welt gesandt, damit er die Welt *richte, sondern* damit die Welt durch ihn *ge-*

rettet werde" (Joh 3,17). Wir Glaubenden freuen uns darüber, dass Gott uns so und nicht als der rächende Weltpolizist gegenübertritt, vor dem wir Angst haben müssen. Er begegnet uns nicht als der Rachegeist, der uns vernichten will, sondern er kommt zu uns als der Liebende, der uns mit seiner Liebe anstecken und verändern möchte.

b) Jesus wird in Bethlehem geboren

Alle Jahre wieder feiern wir zu Weihnachten die Geburt Jesu, der in der Davidstadt Bethlehem geboren wurde (Lukas 2,4). Bethlehem war nicht irgendeine Stadt in Judäa, sondern eine ganz besondere. Sie war der Geburtsort König Davids (1.Sam 16; darum heißt sie in Lk 2,11 „Stadt Davids"). Aus Bethlehem sollte der Messiaskönig, der „Christus" kommen (Mt 2,1–6).

So hatte es der Prophet Micha angekündigt: „Und du, Bethlehem ..., aus dir soll mir der kommen, der in Israel Herr sei, dessen Ausgang von Anfang und von Ewigkeit her gewesen ist" (Mi 5,1). Dieses Wort  weist uns auf ein *göttliches Geheimnis* hin, das mit dem Kommen dieses „Herrn" verbunden ist. Denn es wird von ihm so gesprochen, wie man eigentlich nur von Gott selber reden kann (⇦): Er ist „von Anfang und von Ewigkeit her gewesen". Auch der Prophet Jesaja spricht im Zusammenhang mit seiner Geburt wie von Gott selber: „Denn uns ist ein Kind geboren, ein Sohn ist uns gegeben, und die Herrschaft ruht auf seiner Schulter; und er heißt Wunder-Rat, Gott-Held, Ewig-Vater, Friede-Fürst" (Jes 9,5; s. auch die Abbildung auf S.21).

Das für den menschlichen Verstand unerklärliche Geheimnis der Geburt Jesu Christi, in dem *Gott selber* als Mensch zu uns kam, wird im NT mit der *Weihnachtsgeschichte* (Lk 2,1–20; Mt 1,18–25) bezeugt. Dieses Zeugnis ging dann in das apostolische Glaubensbekenntnis ein: „Empfangen durch den Heiligen Geist, geboren von der Jungfrau Maria." *Martin Luther* hat dieses Geheimnis der Person Jesu in seiner Erklärung des Glaubensbekenntnisses so zum Ausdruck gebracht: „Ich glaube, dass Jesus Christus, *wahrhaftiger Gott*, vom Vater in Ewigkeit geboren, und auch *wahrhaftiger Mensch*, von der Jungfrau Maria geboren, sei mein Herr."

EINE FRAGE ZUM NACHDENKEN:

Schlagzeilen mit schlimmen Nachrichten können auch in uns Christen die Anfechtungsfrage auslösen: „Wie kann Gott das zulassen?"
– Wie können wir mit dieser Frage umgehen?
– Ein paar Texte aus der Bibel als Hilfestellung zum Nachdenken: Ps 73, 23–26; Jes 40,27–31; 45,15; 55,8–9; Mt 11,28–29; 27,39–46; 28,8–9.16–20; Joh 13,7; Röm 11,33–36.

WEITERE WICHTIGE BIBELSTELLEN ZUM THEMA:

Gott kommt als Mensch zu uns Menschen: Lk 2,1–20; Joh 1,1–5.9–14; Gal 4,4–7; Phil 2,6–11; Hebr 2,14–18.

2. Das Leben in Palästina zur Zeit Jesu

a) Das Leben in Nazareth

Gott kommt als Mensch zu seinen Menschenkindern: Jesus wird von seiner Mutter Maria geboren. Er wächst bei seinen Eltern in *Nazareth* auf, zusammen mit seinen Geschwistern (Mk 6,3). Nazareth ist ein kleiner Ort im jüdischen Gebiet *Galiläa*. Die Gegend ist bergig, so dass man gute Ausblicke über das Land hat.

Die Menschen von Nazareth sind überwiegend einfache Leute. Sie leben von der *Landwirtschaft*. Große Felder wie bei uns gibt es im galiläischen Bergland nicht. Kleine Äcker werden an den Berghängen bestellt. Mit der Hand wird die Saat ausgesät, mit der Hand wird das reife Getreide dann zur Erntezeit geschnitten und weiterverarbeitet. Die Äcker sind über und über mit Steinen besät. Hier und dort wächst Dorngestrüpp. Die Steine darf man nicht absammeln, denn sie bewahren den Boden vor dem Austrocknen in der sengenden Sonne. In Palästina regnet es nämlich nur im Winter, während es fast ein Dreivierteljahr lang trocken ist. Auch das Gestrüpp lässt man stehen, weil es dem Erdboden Halt gibt (vgl. Mk 4,2–9). Überall sieht man silbriggrüne Ölbäume, von denen Oliven geerntet werden. Man kann diese Früchte essen oder schmackhaftes Öl daraus gewinnen. Viele Menschen in Nazareth halten sich Schafe oder Ziegen, die die Berghänge nach Futter absuchen.

Wer nicht in der Landwirtschaft arbeitet, verdient sich sein Brot z.B. mit einem *Handwerk* wie der Bauhandwerker Josef. Er hat in Nazareth eine Zimmermannswerkstatt (Mt 13,55). Hier hat Jesus, wie wir in den Evangelien nebenbei erfahren, das Zimmermannshandwerk gelernt (Mk 6,3). Die Werkstatt ist in dem Haus untergebracht, in dem die Familie Josefs lebt. Betten, Tische und Stühle, wie wir sie kennen, gibt es nicht. Das Leben – auch das Schlafen – spielt sich auf dem Fußboden ab. Man versammelt sich zum Essen auf dem Boden um einen niedrigen Tisch herum. Die *Speise* ist einfach und nahrhaft: flach gebackene Brotfladen bilden die Grundlage einer Mahlzeit. Dazu gibt es Oliven, Gemüse und auch Obst. Gerne wird Geflügel oder Fisch (aus dem nahe gelegenen See Genezareth) gegessen. Fleisch (vom Lamm) wird eine besondere Speise für Feste gewesen sein (Mk 14,14). Verachtet wird Schweinefleisch (5.Mose 14,8). Zu trinken gibt es Milch von Ziegen, Säfte, Wasser oder Wein, der an den Berghängen angebaut wird.

Jesus wird wie die anderen jüdischen Kinder zur Schule, das heißt in die *„Synagoge"* gegangen sein. In den Synagogen – sie sind unseren Kirchen vergleichbar – versammelten sich die Juden zum Gottesdienst. In der Synagoge unterrichtete der „Rabbi" (= Lehrer) die Kinder im Verständnis der Bibel. Hier lernte Jesus das AT kennen (das NT, das ja von ihm selber handelt, gab es noch nicht). Wie wir bald sehen werden, verstand Jesus *Gott* von den biblischen Schriften her aber *anders* als die Menschen, die sich in seiner Zeit gründlich mit der Bibel beschäftigten: die Schriftgelehrten, Pharisäer und Priester.

b) Zur Zeit Jesu stand das jüdische Volk unter römischer Vorherrschaft

Als Jesus in Nazareth aufwuchs, war *Palästina* – das Land, in dem die Juden wohnten (viele Bibeln enthalten Karten „Palästina zur Zeit des NT"!) – ein unfreies, besetztes Land. Die *Römer*, die den größten Teil der damals bekannten Welt unter ihrer Kontrolle hielten, hatten auch das jüdische Land erobert. Palästina wurde ihrem *Weltreich* eingegliedert (⇨ Karte „Römisches Weltreich" auf S.62). Als Jesus geboren wurde, war *Kaiser Augustus* Herrscher dieses riesigen Reichs. *Quirinius* war der oberste Beamte des Kaisers in Palästina, der „Statthalter" (Lk 2,2). Als Jesus etwa dreißig Jahre später gekreuzigt wurde, übte *Pontius Pilatus* dieses Amt aus (Joh 19,12).

**RÖMISCHES
WELTREICH**

(Karte: Atlantischer Ozean, Rom, Schwarzes Meer, Mittelmeer, Jerusalem, Palästina)

Die Juden litten unter der römischen Vorherrschaft wie jedes Volk, das von einem anderen beherrscht wird. Sie nahmen die römische Oberhoheit jedoch nicht ohne Protest, ja nicht widerstandslos hin.

Viele jüdische Männer kämpften im Untergrund als Partisanen gegen die Römer. Es war für die Juden nämlich ein starker Anstoß, dass ihre römischen Oberherren *Heiden* waren. Die Römer beteten ja nicht zum alleinigen Herrn der Welt, dem Gott Israels, sondern sie dienten ihren Göttern: Jupiter, Mars, Venus, Diana usw. Besonders unerträglich war den Juden, dass die Römer ihren *Kaiser* als *Gott* verehrten (⇨). Sie errichteten ihm Tem-

pel, beteten ihn an und brachten ihm Opfer dar. Das war den Juden ein Greuel. Wie kann ein *Mensch* göttliche Würden beanspruchen?!

Deshalb beteten die Juden darum, dass Gott die heidnischen Herren aus ihrem Lande vertreiben möchte. Voller Sehnsucht warteten sie darauf, dass Gott ihnen einen *Befreier* sendete, der die heidnische Herrschaft beseitigen und endlich Gottes Herrschaft aufrichten würde. Dieser Befreier – der „*Messias*" (= „*Christus*") – sollte das jüdische Volk sammeln und in einem Feldzug siegreich gegen die Römer führen. Er sollte das Reich Gottes auf Erden errichten, in dem es für Heiden keinen Platz gab. Viele Juden warteten sehnsüchtig auf den Retter, den Befreier, den Messiaskönig.

c) Jesus tritt an die Öffentlichkeit

Als erwachsener Mann trat Jesus – ungefähr 30 Jahre alt (Lk 3,23) – an die Öffentlichkeit. Mit Ausnahme der Geschichte vom 12-jährigen Jesus im Tempel (Lk 2,41–52) haben die Evangelien kein Interesse daran, das Werden und Reifen Jesu bis zur Zeit seines öffentlichen Auftretens zu schildern. Denn sie sind *keine Biographien Jesu*, sondern *Evangelien*, die ihren Lesern und Hörern die „gute Nachricht" (= „Evangelium") von Jesus Christus (= von Jesus, dem Messias) nahebringen wollen. Darum berichten sie nur von den Taten und Worten Jesu von der Zeit seines öffentlichen Wirkens an bis zu seiner Kreuzigung und Auferweckung. Zu Beginn seiner öffentlichen Wirksamkeit ließ Jesus sich von Johannes dem Täufer im Jordan taufen (Mk 1,9-11) und trat dann in der Kraft des Heiligen Geistes an die Öffentlichkeit (Lk 4,14). Im nördlichen Teil seines Landes – in Galiläa – begann er, zu seinen Landsleuten zu predigen (Mk 1,14–15). Seine Predigten und seine Lehre erregten Aufsehen, „denn er lehrte mit Vollmacht" (Mk 1,22).

Weil die Evangelien auch nichts über Jesu äußere Gestalt mitteilen, können wir nur vermuten, dass er genauso ausgesehen hat wie seine Zeitgenossen: Er wird schwarze Haare und einen dunklen Bart getragen haben. Dunkelbraune Augen prägten seinen Gesichtsausdruck. Seine Kleidung dürfte der ähnlich gewesen sein, die wir von Arabern her – ebentuell aus dem Fernsehen – kennen. An den Füßen trug Jesus Sandalen, während ein helles Tuch auf dem Kopf ihn vor den Strahlen der Sonne schützte.

3. Jesus lädt uns Menschen in Gottes Reich ein

a) Gottes Reich bricht mit Jesu Auftreten an

Jesus hat sehr viel vom *Reich Gottes* oder – was dasselbe ist – vom *Himmelreich* gesprochen. In einem Königreich regiert der König. Da hat er das Sagen. Er herrscht über die Bürger seines Reichs. Im Reich Gottes regiert Gott. Da hat Gott das Sagen. Da geschieht sein Wille. Da herrscht er über die „Bürger des Reiches Gottes" (das sind die Glaubenden), die sich *freiwillig* nach ihm richten. Indem sie z.B. seine Gebote halten und Gott und ihre Mitmenschen lieben.

Wie ein Bauer in der Hoffnung auf gute Ernte Samen auf das Land streut, so zog Jesus von Ort zu Ort und brachte Gottes Wort in seinen Predigten wie Samenkörner unter seine Mitmenschen (vgl. Mk 4,1–10.13–20). Den *Grundgedanken* der Predigt Jesu hält Mk 1,15 fest: „Die Zeit ist erfüllt, und das Reich Gottes ist herbeigekommen. Tut Buße und glaubt an das Evangelium!" Etwas anders ausgedrückt: „Es ist soweit. Jetzt will Gott sein Reich aufrichten. Ändert euer Leben und glaubt dieser guten Nachricht!" Der Sinn dieser Worte Jesu ist folgender: Gott will sein Reich aufrichten, um Leid und Not dieser Welt zu überwinden (⇨). Denn wo er regiert, wo sein Wille geschieht, da werden Hass und Unfriede überwunden. Da laufen die Menschen Gott nicht mehr davon. Da macht niemand so weiter wie bisher und denkt z.B. nur an sich selber, egal, wie es anderen Menschen geht. Wo Menschen sich der guten Nachricht vom Anbruch

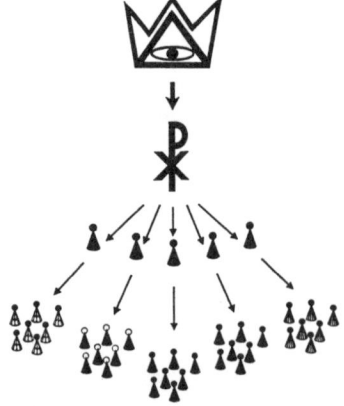

des Reiches Gottes öffnen, da ändern sie ihre Anschauung von Gott. Sie geben ihr Bild von Gott dem Weltpolizisten, von Gott dem bösen Rächer und strengen Richter auf. Sie erwarten nicht mehr, dass Gott mit Zauberei, „göttlichen Tricks" und Wundern gegen die Not dieser

Welt einschreitet. Menschen, die dem *Evangelium (= der guten Nachricht)* glauben, schreiben Gott nicht länger vor, wie er sich zu verhalten hat. Sie akzeptieren Gottes Weg zur Rettung dieser Welt: Gott kommt als *Mensch* zu uns. Jesus wird in Bethlehem geboren. Er wächst in Nazareth auf und beginnt – ein Mann geworden – zu predigen und Menschen in Gottes Gemeinschaft zu rufen. Wer sich Jesu Ruf öffnet und Glauben an Gott gewinnt, für den bricht Gottes Reich an. Er wird Bürger dieses Reichs. – Das alles geschieht im Stillen, im Verborgenen, *ohne außergewöhnliche Umstände*, so wie es Jesus gesagt hat: „Das Reich Gottes kommt nicht so, dass man es beobachten kann; man wird auch nicht sagen: Siehe hier ist es! oder: Da ist es! Denn siehe, das Reich Gottes ist mitten unter euch" (Lk 17,20–21). Durch Jesus selbst ist Gottes Reich mitten unter uns Menschen gekommen, doch ohne auffällige Begleiterscheinungen, ohne dass es jeder sofort erkennen kann. Im *glaubenden Vertrauen* auf Jesu Worte werden wir Bürger dieses Reichs. In der „Glaubensschule Jesu" sollen wir dann zu Gott vertrauenden, friedfertigen, liebevollen und verantwortungsbewussten Menschen werden (s. III Nr.1a S.57–59 [⇩]).

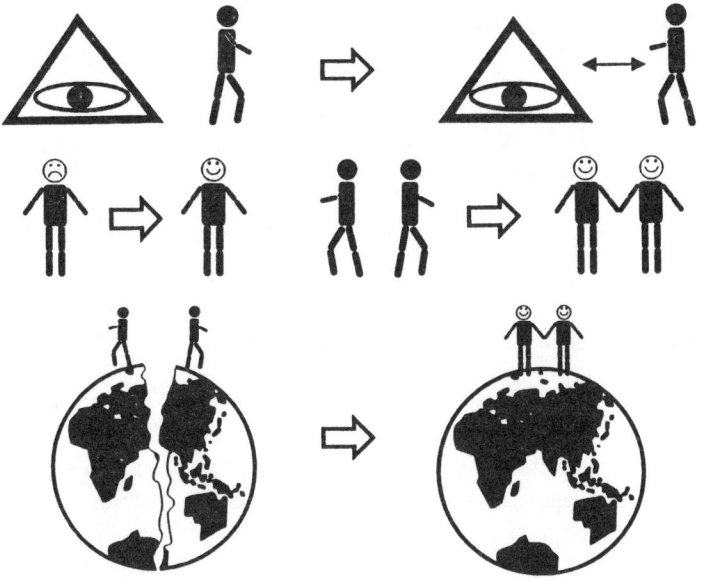

b) Gottes Reich bricht an: Menschen finden zu Gott

Jesus hatte nach seinem ersten Auftreten 12 Jünger (= Schüler) um sich gesammelt, mit denen er durch das jüdische Land zog. Sie hörten genau zu, wenn Jesus zu den Leuten von Gott sprach. Manchmal lehrte Jesus sie auch, ohne dass andere Leute dabei waren. Jesus erzählte ihnen gerne *Gleichnisse*, das heißt *Vergleichsgeschichten*, um ihnen klarzumachen, wie es in Gottes Reich zugeht. Mit zwei kleinen Gleichnissen wollte Jesus seinen Jüngern verdeutlichen, wie Menschen in Gottes Reich hineinfinden. Diese Vergleichsgeschichten bedürfen jeweils der Deutung.

Das Gleichnis von dem Kaufmann, der die „Perle seines Lebens" fand (Mt 13,45–46): „Mit dem Himmelreich (= Reich Gottes) verhält es sich wie mit einem Kaufmann, der gute Perlen suchte, und als er *eine* kostbare Perle fand, ging er hin und verkaufte alles, was er hatte, und kaufte sie". Mit diesem Gleichnis will Jesus folgendes sagen:

Es gibt Menschen, die sind in ihrem Leben lange auf der Suche nach Gott, wie etwa ein Kaufmann herumreist und nach besonders schönen Perlen Ausschau hält. Wenn dann jemand bei seinem Suchen zum Glauben, das heißt in Gottes Gemeinschaft findet, dann ist das so ähnlich wie bei dem Kaufmann, der die „Perle seines Lebens" suchte und fand. Sie wird ihm das Wichtigste, alles andere wird zweitrangig. Von allem anderen trennt er sich, wenn er nur diese eine Perle erwerben kann. So ist es auch bei einem Menschen, der zum Glauben an Gott findet. Alles, was ihm sonst im Leben ganz wichtig war – ein tolles Auto, gutes Essen, schönes Wohnen, Hobbys, Ansehen vor Menschen usw. –, all das rückt an die zweite Stelle. Gott wird die „Nummer 1" in seinem Leben. Er freut sich darüber, dass er in Zukunft und in der Ewigkeit in Gottes Gemeinschaft leben darf. Güter, die ihm bis dahin das Wichtigste waren, wird er jetzt *dankbar aus Gottes Hand* nehmen und sich darüber freuen, dass Gott mit all diesen Dingen sein Leben erhält und bereichert.

Das Gleichnis vom Schatz im Acker, den ein Mensch zufällig fand (Mt 13,44): „Mit dem Himmelreich (= Reich Gottes) verhält es sich wie mit einem Schatz, verborgen in einem Acker, den ein Mensch fand und verbarg; und in seiner Freude ging er hin und verkaufte alles, was er hatte, und kaufte den Acker" – und damit den Schatz. Mit diesem Gleichnis will Jesus Folgendes zum Ausdruck bringen:

Es gibt Menschen, die finden in ihrem Leben ganz „zufällig" in Gottes Gemeinschaft, wie ein Landarbeiter zufällig beim Pflügen eine Schatzkiste im Acker fand. Und wie er seinen ganzen Besitz hingibt, um den Acker (mit dem Schatz) kaufen zu können, so wird auch die Erfahrung der Gemeinschaft Gottes für einen Menschen das Wichtigste in seinem Leben. Alle bisherigen Werte und Lebenserfahrungen verblassen gegenüber der Freude, die der Glaube an Gott in einem Menschen auslösen kann.

Vergleich der beiden Gleichnisse miteinander: Jesus stellt mit beiden Gleichnissen dar, auf welch unterschiedliche Weise Menschen in das Reich Gottes hineinfinden können. Er nennt zwei grundverschiedene Menschentypen: den „Sucher" und den „zufällig Findenden". Der „*Sucher*" macht sich viele Gedanken um Gott, die Welt, den Sinn des Lebens, auch den Sinn seines eigenen Lebens. Er findet zum Glauben an Gott. Damit hat seine suchende Unruhe ihr Ziel gefunden. – Der „*zufällig Findende*" hat sich in seinem Leben nicht weiter um Gott gekümmert. Er lebt so dahin. Plötzlich tritt ihm Gott entgegen, wie unterschiedlich im Einzelfall diese Begegnung auch aussehen mag. Dabei findet dieser Mensch zum Glauben an Gott. Auch er wird mit Freude erfüllt, dass sein Leben nun Richtung und Ziel gefunden hat. Mit diesen beiden Gleichnissen sagt Jesus uns: Gott hält die Hand seiner Gemeinschaft *jedem* hin: dem suchenden Menschen wie auch dem gleichgültigen. Wichtig ist, dass wir Menschen Gottes Hand auch *ergreifen*, wenn Gott in unser Leben tritt. Dass wir Gottes Hand *festhalten*, dass wir uns zu Gott mit unserem Leben *bekennen*, weil wir *er*kennen: In unserem Leben kann nichts wichtiger sein als Gott selber. So entsprechen wir dem 1. Gebot: „Ich bin der Herr, dein Gott. Du sollst nicht andere Götter haben neben mir."

c) Menschen lehnen Gottes Einladung in seine Gemeinschaft ab (Lk 14,16–24)

Gott zwingt niemanden in seine Gemeinschaft; er nötigt niemanden, ihm zu glauben. Der Kaufmann und der Landarbeiter verkauften *freiwillig*, was sie hatten, um die „kostbare Perle" oder den „Schatz im Acker" zu erwerben. So sehr freuen sie sich über die Erfahrung von Gottes Gemeinschaft in ihrem Leben. Gott wird ihnen wichtiger als alles andere, das vorher ihr Leben bestimmt hat. Mit dem *Gleichnis vom großen Gastmahl (Lk 14,16–24)* sagt Jesus, dass längst nicht alle Menschen dem Ruf Gottes in seine heilvolle Gemeinschaft folgen:

Gott lädt uns Menschen in seine Gemeinschaft ein, wie ein Hausherr zu einem Gastmahl einlädt. Aber es gibt Menschen, die *mit bestimmten Entschuldigungen* – das Gleichnis nennt den Kauf eines Ackers, den Kauf von Ochsengespannen und die Flitterwochen – *die Einladung Gottes ausschlagen* (⇨).

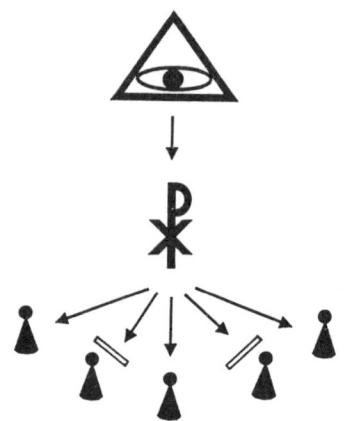

So geschieht es auch heute: „Ich kann nicht in den Gottesdienst kommen, weil ich kochen ... , – weil ich wenigstens einmal in der Woche ausschlafen muss." „Ich habe keine Zeit für Gott (zum Gebet – zum Bibellesen – zum Glaubensgespräch), weil ich arbeiten muss, ... weil ich so viele Hobbys habe." Wer alle diese Dinge (regelmäßig) gegen Gott ausspielt, der zeigt, was ihm wichtig und was ihm unwichtig ist. Wenn er ehrlich wäre, dann müsste er eigentlich sagen: „Gottes Gemeinschaft interessiert mich nicht. Der Schlaf am Sonntagmorgen ist mir wichtiger (usw.)." – Anders verhalten sich in dem Gleichnis alle die Menschen, die Probleme haben, bei denen im Leben nicht alles glatt verläuft: z.B. die *Blinden*, die *Armen*, die *Lahmen* und die *Obdachlosen*. Diese *Bedürftigen* nehmen die Einladung in Gottes Gemeinschaft und Reich *gerne* an (⇧), denn sie begreifen: *Wir brauchen Gott.* „Blinde" brauchen Orientierung für ihr Leben; „Arme" werden durch Gottes Gemeinschaft reich; „Lahme" kommen durch den Glauben neu in Bewegung, und „Obdachlose" finden bei Gott Heimat und Geborgenheit. Wenn ich für mich persönlich sagen kann: „Ich brauche Gott für mein Leben", dann werde ich Gott nicht mit „Ausreden" (s.o.) davonlaufen und mich vor ihm „verstecken" (vgl. 1.Mose 3,8). Dann werde ich seinem Ruf gerne folgen und in seiner Gemeinschaft mein Leben verbringen.

Dazu wurde Jesus geboren, dass er uns Menschen in Gottes Gemeinschaft ruft, wie der Knecht in dem Gleichnis die Einladung Gottes an die Menschen weitergibt. Auch wir sind dazu berufen, am „Gastmahl" teilzunehmen, das heißt Bürger des Reiches Gottes zu werden: jetzt im irdischen Leben, und danach in der Ewigkeit, wenn Gott aus der Verborgenheit heraustritt und uns Menschen offenbar macht, dass er allein Gott und Herr seiner Schöpfung ist.

Das Doppelgleichnis vom perlensuchenden Kaufmann und dem schatzfindenden Landarbeiter (Mt 13,44–46) führt uns einen Gottessucher und einen unvermutet zum Glauben an Gott kommenden Menschen vor Augen.
– Können wir vergleichbare Situationen heute benennen, in denen Menschen nach langem Suchen oder „zufällig" in Gottes Gemeinschaft gefunden haben?
– Wie sah/sieht es bei uns persönlich aus?

WEITERE WICHTIGE BIBELSTELLEN ZUM THEMA:

• Das Reich Gottes in Gleichnissen Jesu: Mt 13.
• Der Anbruch des Reiches Gottes wird verkündigt: Lk 2,10–11; 8,1; 9,60; Apg 20,25.
• Durch den Glauben werden wir Bürger des Reiches Gottes: Mt 18,2–4.6; Mk 1,15; Apg 8,12.

4. Mit seiner Predigt von Gottes Barmherzigkeit will Jesus uns die Angst vor Gott nehmen

a) Menschen haben Angst vor Gott

So wie sich viele Menschen heute Gott als den großen Weltpolizisten vorstellen, vor dem man eigentlich nur Angst haben kann (s. III Nr.1a S.57–59), so mangelte es auch den religiösen Führern zur Zeit Jesu an liebendem Vertrauen zu Gott: Die *Pharisäer* und *Schriftgelehrten* dachten: Gott ist ein strenger Richter. Nur die Menschen können in seinem Gericht bestehen, die seine Gebote und Vorschriften einhalten (⇦). – Die *Hohenpriester* sagten: Gott liebt nur die Menschen, die ihm im Tempel Opfer darbringen, wie es Gottes Anordnungen im AT entspricht (⇨ S.70). Wer die Gebote nicht ausreichend hält oder den Opferdienst vernachlässigt, der muss nach der Überzeugung von Pharisäern, Schriftge lehrten und Hohenpriestern Angst vor Gottes Zorn und Strafe haben.

Große Angst vor Gott steht auch hinter der Äußerung eines Kindes, das aufschreiben sollte, wie es sich Gott vorstellt: „Der liebe Gott – das ist einer, der auf uns Menschen aufpasst. Wenn wir etwas stehlen oder sonst was tun, was er in seinen Geboten verboten hat, dann wird der liebe Gott sauer und bestraft uns: Dass wir krank werden oder eine schlechte Arbeit schreiben. Wenn wir mit dem lieben Gott schimpfen, dann wird er sich rächen und uns noch doller strafen." Dieses Kind spricht zwar vom „lieben Gott", aber es ist ein böser und strafender Gott, an den es glaubt.

b) Jesus sagt: Habt keine Angst vor Gott, denn er liebt euch (Mt 18,21–35)

Jesus versteht Gott ganz anders als die Pharisäer, Schriftgelehrten und Hohenpriester. Mit allem, was er uns von Gott verkündigt, widerspricht er ihren Anschauungen. Wohl sagt auch Jesus, dass wir Menschen Gott für unsere Lebensführung verantwortlich sind. Er weiß auch, dass wir Sünder, gottesferne Menschen sind, die Gottes Gebote missachten. *Aber er nimmt uns die Angst vor Gott.* Er sagt: Gott hat euch lieb, auch wenn ihr nicht nach seinen Geboten lebt. Ihr dürft zu Gott kommen, so wie ihr seid, mit euren Fehlern und Schwächen. Gott macht euch daraus keinen Vorwurf. Er vergibt euch, was auch immer euch von ihm trennt. Denn er ist barmherzig.

Wieder sagt Jesus dieses mit einem Gleichnis, und zwar mit dem *Gleichnis vom barmherzigen König und seinem unbarmherzigen Knecht (Mt 18,21–35):* Da muss sich ein Knecht (= ein Mensch) vor seinem König (= Gott) für seine Arbeit (= seine Lebensführung) verantworten. Es stellt sich heraus, dass dieser Verwalter dem König gegenüber große Schuld(en) auf sich geladen hat. In seiner grenzenlosen Liebe und Barmherzigkeit nimmt der König dem Knecht die Angst vor seinem strafenden Urteil und vergibt ihm seine Schuld(en) völlig. Er erwartet allerdings, dass der Verwalter die erfahrene Liebe an seine Mitmenschen weitergibt.

Jesus will uns Menschen mit diesem Gleichnis die Angst vor Gott nehmen. Gottes Barmherzigkeit gilt *uns nicht weniger* als dem Verwalter. Gott vergibt uns unsere Schuld, wie er sie dem Verwalter vergeben hat. Glaubt seiner Barmherzigkeit und vertraut seiner Liebe. Und gebt seine Liebe an andere Menschen weiter (⇦). Vergebt ihr auch ihnen! Seid auch ihnen gegenüber barmherzig! So wie Gott euch versöhnlich gegenübertritt, so versöhnt euch auch untereinander!

c) Matthäus 18,21–35 (Nacherzählung)

Im kleinen Kreis hatte Jesus einst seinen Jüngern das Gebet nahegebracht, das mit den Worten *„Unser Vater im Himmel"* beginnt. In diesem Gebet heißt es an einer Stelle: *„Und vergib uns unsere Schuld, wie auch wir vergeben unsern Schuldigern."* Darüber hatte der Jünger Petrus immer wieder auf dem Weg durch das Land nachdenken müssen.

Als Jesus und seine Jünger unterwegs einmal zusammensaßen, fragte Petrus Jesus, was ihn schon so lange beschäftigt hatte: „Jesus", begann er, „einem Menschen zu vergeben, wenn er mir Böses getan hat, das will ich gerne tun. Aber was ist, wenn er laufend böse zu mir ist? Muss ich ihm dann immer wieder verzeihen, oder ist nicht irgendwann einmal Schluss? Genügt es nicht, siebenmal zu vergeben?" Jesus schaute Petrus eindringlich an. „Ist es möglich", antwortete er, „das Verständnis für einen Menschen von einem bestimmten Zeitpunkt an einzustellen, wenn man ihn wirklich liebt? Du sollst nicht siebenmal vergeben und beim achten Mal, wenn dir dein Mitmensch Böses antut, Rache an ihm üben! Du sollst ihm siebenmal siebzigmal vergeben!" Petrus begriff: Jesus meinte damit, dass wir Menschen einander *immer wieder* vergeben sollen. „Ganz schön schwer!" fuhr es Petrus durch den Kopf, doch dann bemerkte er, dass Jesus noch etwas sagen wollte. Darum schwieg er. Um Petrus und den anderen Jüngern zu verdeutlichen, was er meinte, erzählte Jesus ihnen eine Geschichte, ein Gleichnis:

„In Gottes Reich", begann Jesus, „geht es zu wie in der folgenden Geschichte: Ein König wollte mit den Verwaltern seiner Güter abrechnen. Da kam die Reihe an einen Verwalter, der nur sehr zögernd vortrat. Als seine Rechnungen überprüft wurden, stellte sich heraus, dass er dem König zwei Millionen Mark schuldete. Da der Mann jedoch nicht zahlungsfähig war, ordnete der König an, man solle ihn, seine Frau und seine Kinder als Sklaven verkaufen. Auch sollte sein ganzer Besitz veräußert werden. Mit dem Erlös sollten die Schulden wenigstens teilweise beglichen werden. Da warf sich der Verwalter vor seinem königlichen Herrn zu Boden und flehte ihn an: 'Hab doch Geduld mit mir, ich will dir ja alles bezahlen! Nur bitte ich dich, weder meine Frau, meine Kinder noch mich selbst als Sklaven zu verkaufen!' Da hatte sein Herr Erbarmen mit ihm und setzte die Strafe aus. Und in seiner grenzenlosen Barmherzigkeit erließ er ihm sogar die gesamten Schulden.

Erleichtert verließ der Verwalter den Palast des Königs. Als er jedoch auf dem Nachhauseweg einen seiner Nachbarn traf, da fiel ihm ein, dass dieser ihm noch 200 Mark schuldete. Da stellte er sich ihm in den Weg, packte ihn beim Kragen und setzte ihm mit Worten hart zu: 'Du bist mir noch 200 Mark schuldig. Los, her damit! Ich kann nicht länger warten!' Sein Nachbar warf sich vor ihm nieder und flehte ihn an: 'Hab doch Geduld mit mir, du sollst dein Geld ja bekommen. Im Moment jedoch kann ich dir nichts geben. Gewiss aber schon bald!' Doch der Verwalter blieb hart und ließ sich nicht erweichen. Er ging vor Gericht und sorgte dafür, dass sein Nachbar in den Schuldturm musste. Er sollte erst wieder freikommen, wenn seine Familie die Schulden bezahlt hätte.

Nun hatte der König viele Verwalter. Einige von ihnen bekamen mit, was geschehen war. Da wurden sie sehr traurig und berichteten ihrem Herrn von dem gnadenlosen Verhalten des Verwalters. Sogleich ließ der königliche Herr den Verwalter herbeirufen und sagte zu ihm: 'Du erbarmungsloser Mensch, ich habe dir deine großen Schulden von zwei Millionen Mark erlassen, weil du mich darum angefleht hast. Hattest du da nicht auch allen Grund, deinem armen Nachbarn seine kleine Schuld von 200 Mark zu erlassen, als er dich um Aufschub bat?!' Zornig übergab der König den unbarmherzigen Verwalter den Gerichtsdienern. Er kam ins Gefängnis und musste dort bleiben, bis seine Schulden beglichen waren.

So wird auch mein himmlischer Vater mit euch verfahren", schloss Jesus, „wenn ihr nicht euren Mitmenschen von Herzen vergebt." – Petrus und die Jünger verstanden, was Jesus ihnen mit diesem Gleichnis sagen wollte: Gott vergibt uns Menschen auch dann, wenn unsere Schuld ihm gegenüber riesengroß ist. Gottes Vergebung hört bei einem bestimmten Maß menschlicher Schuld nicht plötzlich auf. Wenn er darum gebeten wird, dann vergibt Gott dem kleinen Gauner genauso wie dem bösen Gewaltverbrecher, der vielleicht ein Menschenleben auf dem Gewissen hat. Wenn er darum gebeten wird, dann vergibt Gott dem Menschen, der sich bemüht hat, sein Leben nach Gottes Willen zu führen, genauso wie dem, der sich um Gott über lange

Zeit seines Lebens überhaupt nicht gekümmert hat. Und so sollen auch wir Menschen einander immer wieder vergeben und *so barmherzig miteinander umgehen, wie wir es für uns von Gott erwarten und erhoffen.*

Wenn wir das „Vaterunser" beten, dann können wir bei der Bitte *„Und vergib uns unsre Schuld, wie auch wir vergeben unsern Schuldigern"* („Schuldiger" sind Menschen, die uns etwas schuldig geblieben sind) an das Gleichnis vom barmherzigen König und seinem unbarmherzigen Knecht denken. Dann werden wir diese Bitte des Vaterunsers besser verstehen und mitbeten können.

EINE FRAGE ZUM NACHDENKEN:

Wo Menschen eng zusammenleben, gibt es Reibereien und Streit: In der Ehe – unter Geschwistern – unter Arbeitskollegen – in der christlichen Gemeinde – in Vereinen. Es fällt uns Menschen keineswegs leicht, eigene Fehler zuzugeben, nachzugeben oder anderen Menschen zu vergeben. Doch Christus erwartet von uns Christen Einsicht (Lk 15,10), Verständnis und Vergebungsbereitschaft (Kol 3,13). – Wie können wir das lernen?

WEITERE WICHTIGE BIBELSTELLEN ZUM THEMA:
● Gott vergibt uns, weil er uns liebt: Ps 51,3; 103,8–13; Joh 3,16; 15,13; Röm 5,8; 2.Kor 5,19–21; 1.Joh 4,10.
● Vergebung heißt: in Gottes Gemeinschaft aufgenommen werden: Mk 2, 14–17; Lk 15,11–24; 18,9–14; 19,1–10.

5. Jesus gibt Gottes Liebe an seine Mitmenschen weiter und schafft sich damit Feinde

Jesus hat nicht nur *von Gottes Liebe gesprochen*, sondern er hat seinen Mitmenschen auch *Gottes Liebe durch sein Wirken und Verhalten weitergegeben*. Er gab hungernden Menschen zu essen (Mk 6,30–44; 8,1–9). Er machte kranke Menschen wieder gesund (z.B. Mk 7, 31–37). Er bewahrte eine Ehebrecherin vor der Steinigung (Joh 8,2–

11). Er segnete Kinder (Mk 10,13–16). Und er kümmerte sich um Menschen, von denen niemand etwas wissen wollte (z.B. Mk 1,40–45). Noch am Kreuz hat er den Menschen seine Liebe erwiesen, indem er für die Soldaten betete, die ihn hinrichteten: „Vater, vergib ihnen, denn sie wissen nicht, was sie tun!" (Lk 23,34). Doch mit seiner Predigt vom Gott der Liebe und mit seinem liebevollen Verhalten machte Jesus sich *zugleich* Feinde, die darüber beratschlagten, wie sie ihn beseitigen könnten (Mk 3,6). Denn sie glaubten nicht, dass Jesus *im Auftrag Gottes* redete und handelte (Mt 12,24–28).

a) Die Pharisäer nehmen Anstoß an Jesus (Lk 19,1–10; Mt 9,9–13)

Die Römer waren die verhassten heidnischen und fremden Herren im Lande (s. III Nr.2b S.61–63). Durch die „Zöllner" (= Steuereintreiber) zogen die Römer die Steuern ein, mit denen sie z.B. ihre Soldaten bezahlten, deren Aufgabe es war, das Land unter römischer Kontrolle zu halten. Die Juden hassten darum die Steuereintreiber, weil sie mit den Römern gemeinsame Sache machten und sich dabei häufig persönlich noch bereicherten. Aus Verachtung redeten sie nicht mit ihnen. Jesus verhielt sich anders. Auch die Zöllner, die mit den Römern zusammenarbeiteten und ihre Mitmenschen betrogen, brauchten Gottes Liebe. Jesus schenkte sie ihnen, indem er sie nicht links liegen ließ, sondern zu ihnen ging. Jesu liebevolles Verhalten gegenüber dem reichen *Obersteuereintreiber Zachäus* wird Lk 19,1–10 beschrieben:

Zachäus möchte Jesus, von dem er schon viel gehört hat, gerne persönlich kennenlernen. Die Gelegenheit dazu hat er, als Jesus durch die Stadt Jericho kommt. Viele Menschen säumen den Straßenrand. Doch sie lassen den an Körpergröße kleinen Zachäus nicht nach vorne in die erste Reihe durch. Warum auch sollte man diesem Betrüger einen Gefallen tun? Da klettert Zachäus auf einen Baum, um Jesus sehen zu können. Als Jesus an diesem Baum vorbeikommt, hält er an und sagt zu Zachäus, dass er in sein Haus kommen und ihn besuchen möchte. Zachäus freut sich, dass Jesus gerade *ihn* aufsucht, dass er ihn annimmt, während die übrigen Menschen seiner Umgebung ihn ablehnen. Das ändert sein ganzes Leben. Er *gibt Jesu Liebe an andere Menschen weiter*, indem er wiedergutzumachen versucht, wo er Menschen betrogen hat. Er erstattet den Menschen, denen er zuviel Steuern abgenommen hat, ihr Geld in vierfacher Höhe. Die Hälfte seines Vermögens gibt er armen Leuten. Aber nicht alle Menschen freuen sich, dass Jesus bei Zachäus zu Gast ist. Sie denken: Kann denn *Jesus* gut sein, wenn er mit einem solchen Gauner verkehrt? Doch Jesus lässt sich von ihren Gedanken nicht stören. Er ist gekommen, um die Menschen aufzusuchen und zu retten, bei denen nicht alles in Ordnung ist, die verloren sind (s. I Nr.3c S.27–28).

An einer anderen Stelle im NT wird uns berichtet, dass Jesus sogar einen Zöllner zu seinem *Jünger* beruft. Sein Verhalten erregt den scharfen Protest der *Pharisäer*. Gott liebt nur die Menschen, die seine Gebote halten, denken sie. Jesus kann nicht Gottes Sohn sein, wenn er sich mit Leuten wie den betrügerischen Zöllnern abgibt, die Gottes Gebote in ihrem Leben missachten. Jesus sagt ihnen daraufhin: „Die Starken bedürfen des Arztes nicht, sondern die Kranken." Gott stößt die sündhaften Zöllner nicht von sich, weil er weiß, dass sie ihn besonders brauchen. Davon berichtet Mt 9,9–13:

„Und als Jesus von dort wegging, sah er einen Menschen am Zoll sitzen, der hieß Matthäus; und er sprach zu ihm: Folge mir! Und er stand auf und folgte ihm. Und es begab sich, als er zu Tisch saß im Hause, siehe, da kamen viele Zöllner und Sünder und saßen zu Tisch mit Jesus und seinen Jüngern. Als das die Pharisäer sahen, sprachen sie zu seinen Jüngern: Warum isst euer Meister mit den Zöllnern und Sündern? Als das Jesus hörte, sprach er: Die Starken bedürfen des Arztes nicht, sondern die Kranken. Geht aber hin und lernt, was es heißt: 'Ich habe Wohlgefallen an Barmherzigkeit und nicht am Opfer' (Hos 6,6). Ich bin gekommen, die Sünder (in Gottes Gemeinschaft) zu rufen und nicht die Gerechten."

b) Die Schriftgelehrten werfen Jesus Gotteslästerung vor (Mk 2,1–12)

Wie andere Menschen seiner Zeit (vgl. Lk 11,19), so hatte auch Jesus die Gabe der Krankenheilung, die er im Auftrag Gottes ausübte (Lk 11,20). Wenn Kranke zu ihm kamen oder gebracht wurden und die Menschen daran *glaubten*, dass er helfen konnte, dann heilte er die Kranken.

Von der *Heilung eines Gelähmten* erzählt Mk 2,1–12: An dieser Geschichte ist nicht nur die Heilung des Gelähmten bemerkenswert. Sie zeigt uns zugleich, dass Jesus mit der religiösen Gruppe der *Schrift-*

76

gelehrten in Konflikt geriet. Die Schriftgelehrten wussten aus der Heiligen Schrift (dem AT), dass es *Gott* ist, der Sünden vergibt. Jetzt trat hier der *Mensch* Jesus von Nazareth auf und vergab einem anderen Menschen – dem Gelähmten – die Sünden. Sie empfanden das als *Gotteslästerung*, als frevelhafte

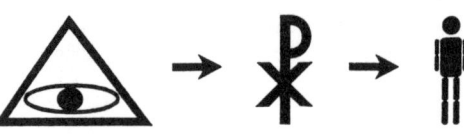

Anmaßung eines Menschen, der sich an Gottes Stelle setzt. – Wie Jesus Gottes Liebe an die Zöllner weitergab (⇧) und damit den Protest der *Pharisäer* hervorrief, so sprach er auch Gottes Vergebung Menschen zu und löste damit den Protest der *Schriftgelehrten* aus.

c) Die Priester werden zu Feinden Jesu (Mk 11,15–18)

Auch die dritte religiöse Gruppe der Juden, die *Hohenpriester*, wurden zu Feinden Jesu. Davon berichtet insbesondere die Geschichte von der *Tempelreinigung Jesu* (Mk 11,15–18):

Der *Tempel von Jerusalem* war für das Gottesvolk Israel der *Mittelpunkt des religiösen Lebens*. Nur im Tempel durften Gott *Opfer und Gaben* dargebracht werden (5.Mose 12,11). Rinder, Schafe, Ziegen und Tauben wurden als Opfertiere verwendet. Es war den *Priestern* vorbehalten, die Opfer darzubringen. Mit dem *Dankopfer* dankten die Gläubigen Gott für die Genesung von schwerer Krankheit, für die Geburt eines Kindes oder z.B. für die Ernte. Mit *Sünd- und Schuldopfern* bekannten sie sich zu ihren Sünden. Gottes Vergebung und Segen wurde ihnen am Ende der Opferhandlung vom Priester zugesprochen.

Im Tempel von Jerusalem hatte sich zur Zeit Jesu ein schwunghafter Handel rund um das Opferwesen breitgemacht. Tierhändler boten Tauben, Ziegen, Schafe oder Rinder feil. Es gab viele Juden, die in Spanien, Griechenland oder etwa in Ägypten lebten. Wenn sie zu einem Besuch nach Jerusalem kamen, standen Geldwechsler bereit, die das spanische, griechische und ägyptische Geld oder auch die überall verbreiteten römischen Münzen in israelitische Währung („Schekel") umtauschten, die als alleiniges Zahlungsmittel im Tempel erlaubt war. Damit konnten die ausländischen Juden dann eine finanzielle Gabe für den Tempel entrichten (die „Tempelsteuer") oder auch Opfertiere kaufen, die sie aus ihren fernen Ländern ja nicht ins Heilige Land mitbringen konnten.

Jesu kritische Einstellung gegenüber dem Opferwesen wird in den Evangelien mehrfach bezeugt. In der Bergpredigt sagt er: „Wenn du deine Gabe auf dem Altar opferst und dort kommt dir in den Sinn, dass dein Bruder etwas gegen dich hat, so lass dort vor dem Altar deine Gabe und geh zuerst hin und versöhne dich mit deinem Bruder, und dann komm und opfere deine Gabe" (Mt 5,23–24). Schon die Propheten hatten die hohl gewordenen Opfergottesdienste ihrer Zeit in Gottes Auftrag kritisiert: „Denn ich habe Lust an der Liebe und nicht am Opfer, an der Erkenntnis Gottes und nicht am Brandopfer" (Hos 6,6 – aufgenommen in Mt 9,13; 12,7; s. auch Jes 1,11–17; Jer 7,21). Als Jesus am Ende seiner öffentlichen Wirksamkeit in den Tempel ging, wurde er angesichts des Verkaufsrummels im Tempel zornig. Er trieb die Händler, Käufer und Geldwechsler aus dem Tempel, weil der Tempel keine „Räuberhöhle", sondern ein „Bethaus für alle Völker" sein sollte. Daraufhin suchten die Hohenpriester nach einer Möglichkeit, ihn umzubringen (Mk 11,18); denn sie empfanden sein Vorgehen nicht nur als Kritik an ihrer religiösen Geschäftemacherei („Räuberhöhle"), sondern zugleich auch als Angriff auf die Opfervorschriften des AT, die ja *Gott selber* geboten hatte.

d) Jesu Gegner suchen nach einer Gelegenheit, ihn zu töten

Gott akzeptiert nur die Menschen, die seine Gebote halten oder opfern, sagten die Pharisäer und die Hohenpriester. Jesus setzte dagegen: Gott liebt *alle* Menschen. Seine Liebe ist nicht davon abhängig, ob wir seine Gebote gut halten oder opfern. Und Jesus gab den Menschen Gottes Liebe weiter, indem er sie in seine Gemeinschaft aufnahm, indem er sie heilte und indem er ihnen die Sünden vergab. Die Pharisäer (Mk 3,6), Schriftgelehrten und Hohenpriester machte er sich mit seiner vollmächtigen *Botschaft von der Barmherzigkeit und Liebe Gottes* und mit seinem *liebevollen Verhalten allen Menschen gegenüber* zu Todfeinden. Kurz vor dem Beginn des jüdischen Passafestes suchten sie nach einer Gelegenheit, „wie sie ihn mit List ergreifen und töten könnten" (Mk 14,1–2).

EINE FRAGE ZUM NACHDENKEN:

Die Gegner Jesu bestritten, dass Jesus im Auftrag Gottes redete und handelte (Lk 11,14–23; Joh 15,23). Ihre Ablehnung Jesu führte zu seiner Kreuzigung (Mk 14,61–65). Jesus stellt seinen Nachfolgern in Aussicht, dass sie wie er Ablehnung, Hass, im schlimmsten Fall sogar Verfolgung ertragen müssten (Mt 5,11; 16,24–25; Joh 15,18–21). – Fallen uns Beispiele aus der Geschichte oder aus unserem persönlichen Erleben ein, die uns deutlich machen können, dass man wegen seines Glaubens an Christus lächerlich gemacht, abgelehnt oder gar verfolgt werden kann?

6. Die Jünger verstehen Jesu Auftrag falsch (Mk 8,27–33)

„Denn Gott hat seinen Sohn nicht in die Welt gesandt, dass er die Welt richte, sondern dass die Welt durch ihn gerettet werde" (Joh 3, 17). Gott sendet Jesus als den Botschafter seiner Liebe unter die Menschen, um ihnen die Angst vor Gott zu nehmen und sie in seine Gemeinschaft zurückzurufen. Die meisten religiösen Führer der Juden – Pharisäer, Schriftgelehrte und Hohenpriester – lehnen Jesus jedoch ab. Sie werfen Jesus vor, dass er mit seiner Predigt von der Barmherzigkeit Gottes und mit seinem liebevollen Verhalten gerade auch den Sündern gegenüber Gott nicht ernst nimmt. Nur Einzelne von ihnen haben eine positive Meinung von Jesus (Lk 13,31; 23,50–53; Joh 3, 1–2). Wie steht es nun mit den *Jüngern*, mit den Menschen also, die mit Jesus am meisten vertraut waren? Verstehen sie Jesus besser? Auch sie haben offensichtlich Schwierigkeiten zu verstehen, welche *Konsequenzen* Jesu von *Gottes Liebe* bestimmtes Leben hat. Das wird uns an einer Begebenheit deutlich, die sich in *Cäsarea Philippi* zutrug. Mk 8,27–33 berichtet darüber. Die folgende Erzählung will dieses Geschehen von Cäsarea Philippi besser verständlich machen:

Irgendwann kamen Jesus und seine Jünger ganz in den Norden des Landes, und zwar dahin, wo einer der drei Quellflüsse des Jordan entspringt: der Banias. Er sprudelte aus einer Berghöhle hervor. Jesus und seine Jünger besichtigten diesen Ort. Neben der Höhle waren, wie sie bemerkten, Steinmetze an der Arbeit gewesen. Sie hatten drei Nischen in den Felsen gehauen, die jetzt wie Fenster in der Felswand aussahen. In jeder Nische stand ein Götterbild. Für den Gott Pan war dieses Heiligtum einst errichtet worden. Inzwischen diente es den römischen Soldaten, die in der Umgebung untergebracht waren, als Kultstätte. Sie kamen hierher, um dem Gott Pan und ihrem Kaiser zu opfern und sie anzubeten.

Mit finsteren Mienen betrachteten die Jünger die Götzenbilder. Überall die Spuren dieser verhassten heidnischen Besatzungsmacht, die das jüdische Volk unterdrückte! Dieser schöne Ort mit der Jordanquelle hatte sogar einen neuen Namen erhalten: *Cäsarea Philippi* hieß er jetzt. Mit diesem Namen wollte *Philippus*, der Sohn des Königs Herodes, den römischen Kaiser (*Cäsar*) ehren. Unterwegs hierher waren die Jünger schon immerzu römischen Soldaten begegnet, die in den Kasernen von Cäsarea Philippi lebten. Die Jünger mussten ihnen auf den schmalen Straßen ausweichen, da die Römer jetzt die Herren im Lande waren. Sie ließen das die Bevölkerung spüren. Wer ihnen nicht gehorchte, der musste mit Unannehmlichkeiten rechnen.

Für die Juden war die römische Fremdherrschaft doppelt unerträglich: Gottes Volk, die Juden – sie waren jetzt Knechte der Römer. Ja, noch schlimmer:

sie waren Knechte von Heiden geworden. Von Heiden, die sogar Menschen anbeteten und ihren Kaiser in Rom als Gott verehrten. Das war jedem frommen Juden ein Greuel. Die Juden hofften darauf, dass Gott ihnen einen starken König sendete, der alles Volk sammeln und siegreich gegen die Römer führen würde. Das Schaubild bringt jene damals verbreitete Überzeugung zum Ausdruck (⇦). Mit der Herrschaft dieses Königs – so glaubte man – würde Gottes Reich anbrechen. Diesen Retterkönig nannten sie den *Messias*. Das heißt auf Deutsch *Gesalbter*, denn die israelitischen Könige wurden in längst vergangenen Zeiten bei ihrer Krönung mit Öl gesalbt. Die Griechisch oder Lateinisch sprechenden Juden nannten diesen König den *Christos* oder *Christus*.

Nachdem sich Jesus und seine Jünger schon ein ganzes Stück von der Höhle entfernt hatten, machten sie Rast. Als sie sich niedergelassen hatten, fragte Jesus seine Jünger: „Sagt mal, für wen halten mich eigentlich die Leute?" Jakobus antwortete ihm: „Ich kenne einige, die denken, dass du der auferstandene Johannes der Täufer bist, den Herodes enthaupten ließ." Andreas sagte: „Viele glauben, du seist der Prophet Elia, der kurz vor dem Anbruch des

Reiches Gottes wieder auf die Erde kommen soll." Levi, der Steuereintreiber gewesen war, hatte noch etwas anderes gehört. Er sagte zu Jesus: „Oft hält man dich auch für einen der großen alten Propheten des Alten Testaments, die angekündigt haben, dass Gott einst den Messias, seinen Gesalbten, zur Rettung seines Volkes senden würde."

Nachdem die Jünger alles gesagt hatten, was sie wussten, fragte Jesus sie: „Sagt *ihr* mir nun aber: für wen haltet *ihr* mich?" Da antwortete Petrus als Sprecher für alle Jünger: „Jesus, du bist der Messias, der Christus." Jesus schwieg. Doch dann gebot er allen Jüngern, dass sie mit niemandem darüber sprechen sollten. Denn Jesus wusste, dass die Juden bei dem Wort *Messias* an jenen gewaltigen Krieger dachten, der als Retterkönig an der Spitze des jüdischen Volkes das Heilige Land im Kampf von den Römern befreien sollte. Jesus hatte Petrus nicht widersprochen, als dieser ihn den *Messias* nannte. Er wusste, dass Gott ihn als *Retter und Heiland* zu den Menschen gesandt hatte. Aber er war nicht gekommen, um Gottes Reich mit Gewalt zu errichten. Er wollte keinen Krieg gegen die Römer oder sonst eine Regierung führen. Denn den Glauben an Gott kann man niemandem aufzwingen. Und Gottes Reich – so hatte Jesus die alttestamentlichen Propheten verstanden – Gottes Reich ist ein *Friedensreich*. Den Frieden kann man aber nicht mit gewaltsamen Mitteln herstellen.

Darum sagte Jesus seinen Jüngern etwas, das sicher neu und ungewohnt für sie war: „Der Mensch, den Gott zur Rettung seiner Menschenkinder sendet, wird viel leiden müssen (⇨). Denn er verzichtet darauf, die Wahrheit mit Gewalt durchzusetzen. Wenn er nach Jerusalem kommt, dann werden ihm der Rat der Ältesten des Volks, die Hohenpriester und die Schriftgelehrten großes Leid antun, weil sie ihm nicht glauben. Sie werden ihn verurteilen und sogar töten. Denn er wird auf den Beweis dafür verzichten, dass Gott ihn gesandt hat. Er will, dass sie ihm und Gott *freiwillig* glauben. Doch nach drei Tagen wird er auferstehen."

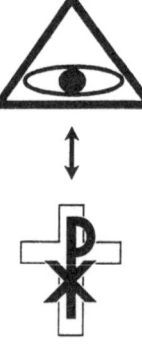

Die Jünger schauten einander verdutzt an. Sie hatten deutlich gespürt: Jesus hatte von sich selbst gesprochen. Aber was erzählte Jesus denn da? Im Stillen hatten sie doch gehofft, dass ihr Herr sich einst in Jerusalem als der vom ganzen Volk erwartete Messias offenbaren würde. Anhänger hatte er ja schon überall. Sie hatten gehofft, dass dann Schluss wäre mit der römischen Vorherrschaft und dem Götzendienst. Solche Greuel wie das heidnische Pan-Heiligtum in Cäsarea Philippi würden dann verschwinden. Doch wie es ihnen jetzt vorkam, dachte Jesus offenbar gar nicht daran, in Jerusalem als Messiaskönig in Erscheinung zu treten. Was hatte er gesagt: dass er leiden und verurteilt, ja sogar getötet werden sollte? Das konnte doch nicht wahr sein! Hatte er nicht immer wieder gepredigt, dass das Reich Gottes ganz nahe ist? Wenn er der von Gott gesandte Retterkönig – der Messias – war, dann konnte er sich doch nicht einfach umbringen lassen. Die Jünger schauten Petrus an. Er sollte mit Jesus sprechen.

Da ging Petrus mit Jesus etwas beiseite und redete auf ihn ein: „Sag mal, das darf doch wohl nicht wahr sein, was du da gesagt hast! Warum willst du in dein Verderben rennen und nach Jerusalem gehen, wenn du dort nur leiden musst? Warum willst du dahin gehen, wo Todfeinde auf dich warten? Wenn du tot bist, dann kannst du niemandem mehr von Gott, unserem himmlischen Vater, erzählen, der uns liebt. Und was sollen wir, deine Jünger, denn ohne dich anfangen? Wir brauchen dich lebendig, aber nicht tot! Du machst mit deinen Worten unsere ganze Hoffnung auf Gottes Reich zunichte. Bitte, Jesus, überlege es dir noch einmal. Geh nicht nach Jerusalem!"

Die Jünger hatten die heftigen Worte des Petrus gehört, so laut hatte er gesprochen. Was er gesagt hatte, entsprach dem, was sie alle fühlten und dachten. Jesus wandte sich seinen Jüngern zu. Denn das, was er jetzt Petrus zu sagen hatte, das galt ihnen allen. Mit einer Schärfe in der Stimme, die sie sonst nicht von ihm gewohnt waren, wies er auf Petrus: „Zurück, Petrus, du Satan! Deine Gedanken sind eine teuflische Versuchung. Denn du denkst rein irdisch-menschlich. Aber nach Gottes Willen fragst du nicht. Es ist aber Gottes Wille, dass ich leiden soll! Und der ist für mich der Maßstab, nicht aber deine menschlichen Überlegungen. Wir werden nach Jerusalem gehen, und ihr folgt mir nach!"

Die Jünger hielten die Luft an. So abweisend hatte Jesus noch nie mit ihnen gesprochen. Petrus war blass geworden. Einen Satan hatte Jesus ihn genannt. Er musste schlucken. Er hatte es doch nur gut mit Jesus gemeint. Schweigend schloss sich Petrus als letzter den anderen Jüngern an, die aufgestanden waren, um Jesus zu folgen. Ohne auch nur ein Wort zu sagen, zogen sie alle ihres Weges. Jeder versuchte, auf seine Weise damit fertig zu werden, was sie eben erlebt hatten. Jesus – der Messias: Ja. Aber nicht als mächtiger König und Feldherr, sondern nach Gottes Willen als leidender Mensch?! Petrus seufzte tief. „Dieser Jesus", dachte er, „ob ich ihn je verstehen werde?"

Es ist für uns Menschen offenbar nicht einfach, den Weg Gottes zur Rettung seiner Menschheit zu verstehen und zu akzeptieren. Weil Gott uns Menschen liebt, darum tritt er uns gegenüber nicht als der Weltpolizist auf, der Unrecht und Bosheit mit Gewalt beendet (s. II Nr. 1a S. 57–59). Er beseitigt auch die römische Fremdherrschaft nicht mit Gewalt, etwa durch Jesus. Wie Gott, sein himmlischer Vater, so gibt auch Jesus seine Liebe friedlich an uns Menschen weiter. Er ist der Messias, der Heiland, der Retter – doch ohne Gewalt. Er zwingt niemandem Gottes Gemeinschaft auf, aber er bietet sie jedem Menschen an – auch uns. Freiwillig folgen wir seinem Ruf, „bezwungen" durch seine Liebe. Wer Jesu Einladung in Gottes Reich ablehnt, der wird von Jesus nicht mit Beweisen, Wundern oder göttlichen Tricks dahin gebracht, dass er Jesus als den von Gott gesandten Retter der Welt anerkennt. Eher lässt sich Jesus selber Gewalt antun, als dass er Menschen zum Glauben nötigt (Mt 27,39–43).

Die Pharisäer, Schriftgelehrten und Hohenpriester halten Jesus für einen Gotteslästerer. Jesus zwingt auch sie nicht dazu, ihm zu glauben. *Aber er gibt ihnen auch nicht nach.* Er ist *Gott gehorsam* und bleibt seinem Auftrag treu, Gottes Liebe bis zu seinem Ende weiterzusagen und weiterzugeben. Als seine Gegner ihn daran hindern, lässt er – der „Friede-Fürst" (Jes 9,5) – sich von ihnen Gewalt antun. Er verzichtet darauf, ihnen zu beweisen, dass er recht hat mit dem, was er von Gott sagt. Sie, die ihm Böses tun, hasst er nicht. Noch kurz vor seinem Tod am Kreuz bittet er: „Vater, vergib ihnen, denn sie wissen nicht, was sie tun" (Lk 23,34). Seine *grenzenlose* Liebe schließt auch seine Feinde ein. Er leidet unter ihnen. Sie schlagen ihn ans Kreuz. Indem er dieses alles mit sich geschehen lässt, erfüllt er gehorsam Gottes Willen (Mk 14,36). Denn der „Gott des Friedens" (Röm 15, 33) wendet gegen seine Menschen keine Gewalt an, weil er sie liebt: „Denn so sehr hat Gott die Welt geliebt, dass er seinen einzigen Sohn dahingab, damit alle, die an ihn glauben, nicht verlorengehen, sondern das ewige Leben haben" (Joh 3,16).

EINE FRAGE ZUM NACHDENKEN:

Auch wir Christen bekennen Jesus als den Messias, den Christus. Wir bekennen Jesus Christus als „unseren Herrn" (Glaubensbekenntnis). Wir singen: „Jesus Christus herrscht als König" (Evangelisches Gesangbuch Nr. 123). – In welcher Weise übt der zu Gott erhöhte Christus seine Herrschaft über uns Menschen aus?

WEITERE WICHTIGE BIBELSTELLEN ZUM THEMA:

Jesus verzichtet auf Beweise dafür, dass Gott ihn gesandt hat: Mt 12,38–42; Mk 15,32; Lk 23,6–11.

7. Jesus nimmt Abschied von seinen Jüngern

a) Jesus stirbt für uns: das Abendmahl (Mt 26,26–29)

Jesus ging mit seinen Jüngern zum Passafest nach Jerusalem. Seine Gegner schlossen sich zusammen und berieten, wie sie ihn gefangennehmen konnten (Mt 26,3–5). Der Jünger Judas verriet ihnen, wo Jesus sich am Donnerstagabend aufhielt (Mt 26,14–16).

Jesus wusste, dass seine Gegner zuschlagen würden. Er feierte am Donnerstagabend *(„Gründonnerstag")* mit seinen Jüngern ein Abschiedsmahl, das *Abendmahl*. Bei dieser Feier eröffnete Jesus seinen Jüngern, dass einer der Jünger ihn an seine Gegner verraten würde. Diese Ankündigung erschütterte die Jünger: Einer nach dem andern fragte ihn: „Bin ich's?" (Mt 26,21–24). Während des Abendmahls machte Jesus seinen Jüngern deutlich, dass er – der Sündlose (s. I Nr. 3c S.22–23) – *stellvertretend für uns Sünder sterben* würde (s. Genaueres über die Bedeutung des Abendmahls S.121–124). Bei diesem *letzten Abendmahl* Jesu mit seinen Jüngern ging es nach Mt 26,26–29 etwa so zu wie in der folgenden Erzählung:

„Was ist heute nur los?" Die Jünger waren ganz verunsichert. Jesus war so anders als sonst. Wenn sie gewöhnlich zu Abend aßen, unterhielten sie sich miteinander. Heute aber war Jesus ganz schweigsam und in sich gekehrt. Sonst gab es immer etwas, worüber sie lachen konnten. Aber heute gab es keine ausgelassenen Späße. Jesus war wohl freundlich wie meistens, doch machte er auf seine Jünger eher einen nachdenklichen Eindruck. Als sie Wein und Brot zu sich nahmen, hatte Jesus diesen Vorgang heute mit inhaltsschweren Worten gedeutet, deren Sinn die Jünger zu diesem Zeitpunkt kaum ermessen konnten. Was hatte er doch beim Brechen des flachen Fladenbrotes gesagt: „Nehmt dieses Brot und esst es. So wie ich dieses Brot breche und euch gebe, so wird auch mein Leib gebrochen und für euch dahingegeben werden. Esst gebrochenes Brot immer wieder zu meinem Gedächtnis!" Und als er den Kelch mit Wein am Ende der Mahlzeit an seine Jünger weitergab, sagte er: „Nehmt diesen Kelch mit Wein und trinkt alle daraus. Den roten Wein dieses Kelchs sollt ihr empfangen als mein Blut, das für euch vergossen wird zur Vergebung eurer Sünden. Trinkt von diesem Wein immer wieder zu meinem Gedächtnis!" Und dann hatte Jesus noch gesagt, dass er solange nicht mehr Wein trinken werde, bis er es gemeinsam mit seinen Jüngern erneut im Reich Gottes tun könnte. Einige der Jünger hatten den Eindruck, dass Jesus mit diesem Mahl Abschied von ihnen feierte. Sie sollten noch an demselben Abend erkennen, dass sie die Situation richtig verstanden hatten.

b) Jesus kündigt seinen Jüngern an, dass sie alle ihn im Stich lassen werden (Mt 26,31–35)

Nach dem Abendmahl machte sich Jesus mit seinen Jüngern auf den *Weg zum Garten Gethsemane*. Unterwegs geschah nach Mt 26,31–35 folgendes, das sich etwa so wiedergeben lässt:

Jesus forderte seine Jünger auf, mit ihm zum Ölberg zu gehen. Sie durchquerten die engen Gassen Jerusalems, kamen durch ein Stadttor und zogen durch das Kidrontal Richtung Ölberg. Auf dem Weg dahin sagte Jesus zu ihnen: „Unsere Gemeinschaft geht heute abend zu Ende. Es wird gar nicht mehr lange dauern, dann wird es euch ausgesprochen unangenehm sein, dass wir zusammengehören. Dann werdet ihr euch alle von mir abwenden, wie es beim Propheten Sacharja heißt: 'Wenn der Hirte geschlagen wird, werden die Schafe sich zerstreuen.' Aber tröstet euch: Das wird nicht das Ende unserer Gemeinschaft bedeuten. Wir werden uns wiedersehen, wenn mein Gott mir neues Leben geschenkt haben wird."
Die letzten Worte hörten die Jünger kaum. Zu sehr beschäftigte sie, was Jesus ihnen voraussagte, dass sie ihn nämlich *alle* im Stich lassen werden, wenn es hart auf hart kommt. Petrus fand diesen Gedanken unerträglich. Er liebte Jesus über alles. Was auch immer geschehen würde – Petrus ahnte das Unheil – , er wollte zu Jesus stehen. Und so sagte er mit fest entschlossener Stimme: „Jesus, wenn dich auch alle andern im Stich lassen, *ich* werde *nicht* von deiner Seite weichen!" Jesus blickte ihn lange an. Dann sagte er zu Petrus: „Es ist wahr, was ich dir jetzt sage: Noch in dieser Nacht, ehe der Hahn kräht, wirst du dreimal abgestritten haben, dass du zu mir gehörst." Da sagte Petrus im Brustton der Überzeugung: „Und wenn ich mit dir sterben müsste, so würde ich doch niemals verleugnen, dass ich dein Jünger bin!" Ähnliches beteuerten auch die anderen Jünger. Jesus schwieg. Sie waren im Garten Gethsemane angelangt, der am Fuße des Ölbergs lag.

EINE FRAGE ZUM NACHDENKEN:

Was tun wir, wenn wir das Abendmahl feiern?

8. „Dein Wille geschehe": Jesus ist Gott gehorsam

a) Jesus ringt darum, Gottes Willen zu akzeptieren (Mt 26,36–50.56)

Die folgende Geschichte will die Ereignisse im *Garten Gethsemane* nacherzählen, die in Mt 26,36–50.56 aufgezeichnet sind. Das Gebet Jesu im Garten Gethsemane zeigt uns den *Menschen Jesus,* der sich mit Gottes Willen auseinandersetzt, wie es viele Menschen tun. Doch während wir Menschen alle immer wieder gegen Gottes Willen und Gebote verstoßen, ist *Jesus Gott ganz gehorsam,* auch dann, wenn Gott so Schweres von ihm verlangt wie die Aufgabe des eigenen Lebens. Der Hebräerbrief spricht das, was Jesus im Garten Gethsemane durchlebte und durchlitt, in einem kurzen Satz aus: Jesus „wurde versucht in allem wie wir, doch (blieb er) ohne Sünde" (Hebr 4,15):

Jesus war mit seinen Jüngern zum Garten Gethsemane gegangen. Hier war es ruhig. Von ferne hörte man leise Geräusche aus dem mauerumschlossenen Jerusalem. Jesus bat seine Jünger: „Setzt euch hierher. Ich möchte etwas abseits gehen und beten." Aber er ging nicht allein fort. Er nahm Petrus, Jakobus und Johannes mit sich. Das waren die Jünger, mit denen er am vertrautesten war. Heute nun erwartete Jesus ihre Hilfe für sich selbst. Er wusste, was die Stunde geschlagen hatte. Judas war unterwegs. Er wollte den Gegnern Jesu verraten, wo dieser sich aufhielt. Bei der großen Anzahl von Passafestpilgern, die gerade die Gassen Jerusalems bevölkerten, war es für die Polizei unmöglich, Jesu Unterkunft zu finden. Jesus wusste, dass es nur noch eine Frage der Zeit war, bis Judas mit der Polizei im Garten Gethsemane eintreffen würde. Er konnte sich ausrechnen, was dann passierte: Sie würden ihn gefangennehmen, fesseln und zum Verhör bringen. Er würde verurteilt werden, verurteilt zum Tod.

Jesus hatte davor Angst, große Angst. Er wollte nicht sterben. Warum glaubten ihm seine Gegner nicht? Warum wollten sie Beweise dafür, dass *Gott* ihn gesandt hatte? Warum lehnten sie Gott ab, den himmlischen Vater, der seine Menschenkinder liebt? Warum wollten sie von ihm nichts wissen? Warum hatten sie vor, ihn – Jesus – mundtot zu machen, wo doch Gott ihn dazu gesandt hatte, seine Liebe und Barmherzigkeit den Menschen zu bezeugen? Und warum ließ Gott es zu, dass Jesu Feinde Macht über ihn bekamen? Gott wusste doch, dass sie ihn töten würden, wenn es ihnen gelang, ihn zu verhaften. Warum ersparte Gott ihm Leiden und Todesqualen nicht? Warum unternahm Gott, sein himmlischer Vater, nichts, Jesu Gegner zum Schweigen zu bringen? Warum hinderte er sie nicht an ihrem bösen Vorhaben?

Jesus war von diesen Fragen tief bewegt und angefochten. Verzweifelt suchte er nach Antworten, doch er fand nur neue Fragen. Da sagte er zu Petrus, Jakobus und Johannes: „Was mir bevorsteht, macht mir Todesangst. Bitte bleibt hier ganz in meiner Nähe, wacht mit mir und betet für mich!" Und dann ging er ein paar Schritte von ihnen fort und warf sich auf die Erde nieder. Lange Zeit rang er mit Gott im Gebet: „Mein himmlischer Vater, ist es nicht möglich, dass dieser Becher des Leidens und Sterbens an mir vorübergeht, ohne dass ich ihn leeren muss?" Immer wieder stellte Jesus Gott diese Frage. Denn Gottes Wege sind uns Menschen oft verborgen, und das, was Gott mitunter von uns Menschen verlangt, ist uns oftmals unbegreiflich. Jesus kam im Gebet zu der Gewissheit, dass er nach Gottes Willen leiden und sterben sollte. Er fügte sich Gottes Willen: „Mein Vater, nicht mein Wille ist ausschlaggebend, sondern deiner. Was auch immer geschieht – ich vertraue darauf, dass es deinem Willen entspricht."

Ruhiger geworden erhob sich Jesus und kehrte zu den drei Jüngern zurück. Er wusste nicht mehr, wie lange er mit Gott im Gebet gesprochen hatte. Aber als er zu Petrus, Jakobus und Johannes kam, bemerkte er, dass sie eingeschlafen waren. Zu Petrus gewendet sagte Jesus: „Ist eure Kraft denn so gering, dass ihr nicht einmal eine einzige Stunde mit mir zusammen beten konntet? Seid wachsam und betet, damit die Versuchung euch nicht überwältigt. Der menschliche Geist zwar ist willig, aber das Fleisch ist schwach. Ihr habt zwar auf dem Weg hierher alle gesagt, dass ihr mich nicht im Stich lassen wollt. Aber jetzt, wo es nur darauf ankommt, dass ihr mich mit eurem Gebet unterstützt, da versagt ihr bereits."

Jesus sah, dass er ganz allein mit dem fertig werden musste, was ihm an schwerem Geschick bevorstand. Auf seine vertrautesten Jünger war kein Verlass. Erneut ergriff ihn die Angst. Darum ging er zum zweiten Mal etwas abseits und betete so eindringlich wie zuvor zu seinem himmlischen Vater. Wieder bestürmte er Gott mit der Frage, ob denn dieser Becher des Todes nicht an ihm vorübergehen könnte, und wieder wurde er ruhiger bei dem Gedanken, dass sein Tod Gottes Willen entsprach. Als er zu seinen Jüngern kam, schliefen sie tief und fest. Zum dritten Mal wurde ihm angst und bange. Zum dritten Mal wandte er sich an Gott im Gebet: „Mein Vater, wenn dieser bittere Todeskelch nicht an mir vorübergehen kann, ohne dass ich ihn trinke, so geschehe denn dein Wille."

Durch das Gebet hatte Jesus jetzt die völlige Gewissheit erlangt, dass es Gottes Willen entsprach, dass er sterben sollte. Das Vertrauen zu seinem himmlischen Vater hatte über seine Angst und Verzweiflung gesiegt. Jesus erhob sich, ruhig und gefasst. Er kam zu seinen schlafenden Jüngern. Er brauchte ihre Unterstützung im Gebet nicht mehr. Er war nun bereit, Gottes Willen zu erfüllen. „Schlaft nur weiter und ruht euch aus!", sagte er zu ihnen, doch sah er bei diesen Worten von ferne eine große Schar Menschen mit Fackeln näherkommen. Im Schein des flackernden Lichts sah man blitzende Schwerter. Jesus weckte die drei Jünger. „Seht, der Augenblick ist da, dass ich in die Hände gottesferner Menschen gerate", sagte er, „steht auf, lasst uns gehen. Der Verräter ist da."

Jesus ging mit Petrus, Jakobus und Johannes zu den anderen Jüngern zurück. Judas kam mit der Schar bewaffneter Männer auf ihn zu. Er begrüßte Jesus mit einem Kuss. Das war das verabredete Zeichen. Daran sollten die Bewaffneten erkennen, welcher der im Garten versammelten Menschen Jesus war. Kurzerhand nahmen sie ihn gefangen und fesselten ihn, ohne dass er sich wehrte. Dann führten sie ihn ab. Das alles dauerte nur wenige Augenblicke. Die Jünger bekamen es mit der Angst zu tun. Sollte nur Jesus verhaftet werden oder sie auch? So schnell sie nur konnten, liefen sie davon. Alle wandten sich von Jesus ab – Petrus, Jakobus, Johannes und die anderen Jünger. Sie flohen in die schützende Dunkelheit der Nacht. Jesus musste den schweren Weg, der vor ihm lag, allein gehen.

b) „Adam" und Christus

Im *Garten Eden* wurde der Mensch versucht, Gott zu misstrauen, gegen Gottes Willen zu handeln (Gott hatte dem Menschen untersagt, vom Baum der Erkenntnis zu essen: 1.Mose 2,16–17; 3,1–6). Im Garten Eden erlag der Mensch der Versuchung und verstieß gegen Gottes Willen, das heißt, er sündigte. Mit der Geschichte vom Garten Eden will die Bibel uns sagen, wer wir Menschen sind: *Sünder* (s. II Nr.3c S.49–50). – Im *Garten Gethsemane* wurde Jesus versucht, gegen Gottes Willen zu verstoßen, der für ihn Leiden und die Aufgabe des eigenen Lebens bedeutete. Jesus überwand diese Versuchung und ordnete seinen Willen in Gottes Willen ein.

Jesus hat mit Vollmacht gepredigt und Wunder getan. Viele denken, dass seine Wundertaten das Besondere seiner Person ausmachen. Das ist allerdings nicht richtig. Wunderbare Taten vollbrachten auch andere Menschen damals (z.B. Mt 12,27). *Das Außergewöhnliche, das Jesus unvergleichlich macht, ist sein völliger Gehorsam Gott gegenüber. Wir alle sündigen gegen Gottes Willen, nur Jesus blieb ohne*

Sünde. Nur er lebte ganz nach Gottes Willen (Joh 4,34). Wir alle sind mit unserem Menschsein unzufrieden; wir wollen mehr, möglichst sein „wie Gott" (= von Gott unabhängig: 1.Mose 3,5). Jesus war damit zufrieden, ein Mensch zu sein, und zwar so, wie Gott sich das Menschsein vorgestellt hat (vgl. II Nr.2c–d S.46–47): Er lebte in enger Gemeinschaft mit Gott (⇨). Er vertraute völlig auf Gott, seinen himmlischen Vater. Er tat nichts, was Gottes Willen zuwider war: „Dein Wille geschehe". Er tat auch dann Gottes Willen, als Gott so Schweres von ihm erwartete wie die Aufgabe seines Lebens.

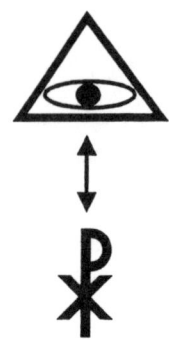

Der Mensch im Garten Eden ist Gott ungehorsam. Der Mensch im Garten Gethsemane ist Gott gehorsam. Im NT werden „Adam" und Christus einander gegenübergestellt, um die einzigartige Bedeutung des Gehorsams Jesu für uns Menschen zum Ausdruck zu bringen. *Einmal* hat ein Mensch – Jesus Christus – so gelebt, wie Gott sich den Menschen gedacht hat. Um dieses *Einen* willen vergibt Gott *uns allen* die Sünde, nimmt er uns in seine Gemeinschaft auf und schenkt uns „ewiges Leben": „Die Sünde dieses *einen* (Adam) brachte den Tod mit sich, und alle (Menschen) verfielen dem Tod, weil sie auch alle selbst sündigten ... Durch die Gebotsübertretung des *einen* Menschen (Adam) kam es dazu, dass alle verurteilt wurden. Ebenso bewirkt die Gehorsamstat des *einen* (Christus), dass alle für gerecht erklärt werden und leben." – „Alle Menschen gehören zu *Adam*, darum müssen sie sterben; aber durch die Verbindung mit *Christus* wird ihnen das neue (ewige) Leben geschenkt werden" (Röm 5,12.18; 1.Kor 15,22 [Übersetzung „Gute Nachricht Bibel"]).

FRAGEN ZUM NACHDENKEN:

Jesus hat im Gebet mit Gott gerungen und dabei seinen Willen in Gottes Willen eingeordnet.
– Können wir uns Situationen vorstellen, in denen es uns ausgesprochen schwer fällt, Gottes Willen anzunehmen?
– Haben wir schon solche Situationen erlebt?

WEITERE WICHTIGE BIBELSTELLEN ZUM THEMA:

- Jesu unvergleichlicher Gehorsam Gott gegenüber: Joh 8,46; Phil 2,6–11; Hebr 5,7–9.
- Jesus der „zweite" Adam: Mt 4,1–11; Mk 1,12–13; Lk 4,1–13; Röm 5, 12–21; 1.Kor 15,45.

9. Jesus leidet und stirbt für uns

a) Jesus wird vom Hohen Rat als Gotteslästerer verurteilt (Mt 26,57–68)

Hinter den knappen Aussagen des Glaubensbekenntnisses: *„Gelitten unter Pontius Pilatus, gekreuzigt, gestorben und begraben, hinabgestiegen in das Reich des Todes"* stehen sehr viel Schmerz, Leid und Hoffnungslosigkeit. Wie wir sehen werden, wurden auch die Jünger vom Leiden und Tod Jesu schwer erschüttert (s. z.B. Mt 26,69–75).

Nach seiner Gefangennahme wurde Jesus durch das Kidrontal nach Jerusalem in den Palast des Hohenpriesters Kaiphas zum Verhör geführt. Hier hatte sich der *„Hohe Rat"* versammelt (Mt 26,57.59), die oberste jüdische Behörde. Man warf Jesus „Gotteslästerung" vor (s. III Nr.5b S.75–76) und beschloss, ihn zu töten (Mt 26,65–66).

c) Jesus wird gekreuzigt. Die Jünger zweifeln an Jesus (Mt 27,1–2.11–14.27–61; Lk 24,21; Joh 20,19)

Es war am Freitagmorgen *(„Karfreitag")*, als es an der Tür des Hauses klopfte, in dem sich die Jünger aufhielten. Petrus ging zur Tür, schob den Riegel zurück und öffnete. Draußen standen mehrere Frauen. Sie waren oft dabeigewesen, wenn Jesus von Gott und seinem Reich erzählt hatte. „Ihr seid es", sagte Petrus erleichtert, „kommt rein!" Sie berichteten den Frauen, was am Abend zuvor geschehen war.

Und dann überlegten sie gemeinsam, wie sie sich verhalten sollten, nachdem Jesus gefangengenommen war. Sie kamen zu der Überzeugung, dass es besser wäre, wenn die Jünger die nächste Zeit verborgen blieben. Die Frauen sollten ihnen zu essen und zu trinken besorgen und vor allem beobachten, was mit Jesus geschah. Petrus verabschiedete die Frauen. Für die Jünger begannen unerträgliche Stunden des Wartens. Dieser Freitag wollte wohl gar kein Ende nehmen!

Am frühen Abend klopfte es. Sie öffneten die Tür und erstarrten. Draußen standen die Frauen. Einige weinten. Langsam traten sie ein. „Jesus ist tot", brachte Maria hervor, doch dann erstickte ein Weinkrampf ihre Stimme. Die Jünger traf diese Botschaft wie ein Schock. Keiner konnte etwas sagen. Sie hatten den ganzen Tag über versucht, sich innerlich auf das Schlimmste vorzubereiten. Nun, da es eingetreten war, fühlten sie sich wie geschlagen. Nach einiger Zeit fassten sie sich. Die Frauen berichteten den Jüngern, was geschehen war: Am Morgen war Jesus zum römischen Prokurator Pontius Pilatus gebracht worden. Als Statthalter des römischen Kaisers im jüdischen Land war er zugleich auch der oberste Richter. Die Gegner hatten Jesus angeklagt, der „Christus" zu sein, jener König also, der das Volk Israel von der römischen Vorherrschaft mit Waffengewalt befreien wollte (Mt 27,11–12.17).

Jesus hatte unter dem Volk eine große Anhängerschar. Das machte ihn bei den Römern verdächtig. Immer wieder mussten sich die Römer nämlich mit jüdischen Freiheitskämpfern auseinandersetzen, die sich als von Gott gesandte „Messiaskönige" ausgaben und die Römer mit jüdischen Volksgenossen aus dem Hinterhalt angriffen. Wenn die Römer solcher Aufrührer habhaft werden konnten, machten sie kurzen Prozess (Kreuzigung). Die Gegner Jesu vertrauten darauf, dass die Römer in Jesu Fall ähnlich handeln würden. Sie hatten sich nicht getäuscht. Das Urteil lautete: „Tod durch Kreuzigung" (Mt 27,26–30.37).

Jesus wurde ausgepeitscht. Mittags wurde er an das Kreuz genagelt. Bereits nachmittags um drei Uhr war er gestorben. Die Frauen waren bei seiner Hinrichtung dabeigewesen wie viele andere Menschen aus Jerusalem auch (Mt 27,55–56). Sie hatten noch hören können, wie Jesus kurz vor seinem Tode verzweifelt zu Gott gebetet hatte: „Mein Gott, mein Gott, warum hast du mich verlassen!?" (Mt 27,46). Dann war er tot zusammengesunken. Etwas später, so schlossen die Frauen ihren Bericht, war Josef aus Arimathäa, ein Anhänger Jesu, mit seinen Dienern gekommen. Er hatte den toten Jesus vom Kreuz abnehmen und in sein Grab legen lassen, das ganz in der Nähe war. Das Grab war mit einem großen Rollstein verschlossen worden (Mt 27,57–61).

Regungslos hatten die Jünger dem Bericht der Frauen zugehört. „Jetzt ist alles aus", sagte einer, „seine Gegner haben gewonnen." Schreckliche Gedanken quälten sie: Hatte Jesus doch nicht recht mit dem, was er ihnen von Gott erzählt hatte? Hatte Jesus nicht gesagt, dass Gott ein *barmherziger und gütiger Gott* ist? Wo war er denn gütig gegen Jesus selbst gewesen? Er hatte ihm doch nicht geholfen (Mt 27,43). Er hatte doch Jesu Feinde siegen lassen. Hatte Gott damit nicht *ihnen* Recht gegeben? Hatten sie – die Jünger – sich von Jesus verführen lassen? „Wir hatten gehofft, dass er das Volk Israel erlösen werde" (Lk 24,21), seufzte ein Jünger. Er sprach aus, was sie alle fühlten. Jetzt war Jesus tot. Man hatte ihn bereits in ein Grab gelegt. Und mit ihm waren alle ihre Hoffnungen begraben worden. Jesus ist gescheitert, dachten die Jünger voller Verzweiflung.

Wenn sie nicht das gleiche Schicksal erleiden sollten wie Jesus, dann mussten sie noch länger in ihrem Haus verborgen bleiben und abwarten. Die Frauen versprachen, auch weiterhin für die Jünger zu sorgen. Sie verließen eine Jüngerschar, die von Trauer um Jesus, Hoffnungslosigkeit und Angst um ihr Leben zutiefst erschüttert war (Joh 20,19).

EINE FRAGE ZUM NACHDENKEN:

Welche Konsequenzen hatte das Ende Jesu am Kreuz für das Denken und Fühlen seiner Gegner beziehungsweise seiner Jünger und Anhänger?

WEITERE WICHTIGE BIBELSTELLEN ZUM THEMA:

Jesus stirbt für uns Menschen: Mt 20,28; Lk 22,19–20; 2.Kor 5,21; 1.Petr 1, 18–19; Hebr 9,14–15.28a.

10. Gott bekennt sich zu Jesus, indem er ihn von den Toten auferweckt

a) Der auferweckte Jesus erscheint seinen Jüngern (Joh 20,19–21)

Jesus starb am Kreuz. Er wurde in einem Felsengrab begraben. Seine Gegner hatten gesiegt – so schien es. Die Jünger warteten furchtsam in ihrer Unterkunft auf eine Gelegenheit, Jerusalem heimlich zu verlassen. Inzwischen waren drei Tage vergangen. Vom Sonntag *(„Ostersonntag")* berichtet Joh 20,19–20: „Am Abend aber dieses ersten Tages der Woche, als die Jünger versammelt und die Türen verschlossen waren aus Furcht vor den Juden, kam Jesus und trat mitten unter sie und spricht zu ihnen: ‚Friede sei mit euch!' Und als er das gesagt hatte, zeigte er ihnen die Hände und seine Seite. Da wurden die Jünger froh, dass sie den Herrn sahen." Um dieses Geschehen tiefer zu erfassen, wollen wir uns wieder in die Situation der Jünger hineinversetzen und nacherzählen, wovon Johannes berichtet:

Es war mittlerweile Sonntagabend geworden. Die Jünger saßen gemeinsam beim Essen. Es schmeckte keinem so recht. Es war schon dunkel. Einigen Jüngern erschien es plötzlich, als wollte es Tag werden. Denn irgendwie wurde es heller im Raum. Sie saßen im Kreise und starrten auf ihre Teller. Einer von ihnen blickte auf und erschrak heftig. Da stand ja Jesus!!! Erschrocken stammelte der Jünger: „Da, seht nur!" In den Jüngerkreis kam Bewegung. „Um Himmels willen, ein Gespenst!" entsetzte sich einer (vgl. Lk 24,37). „Das ist ja der Herr!" rief ein anderer. Jesus trat in ihre Mitte. Mit angstvollen Blicken begleiteten sie seine Schritte. *„Friede sei mit euch!"* sprach er zu ihnen mit ruhiger Stimme. „Friede sei mit euch!" – wie oft hatten sie diese Worte schon aus seinem Munde gehört, wenn sie einander begrüßten. Jesus zeigte ihnen seine von den Nägeln durchbohrten Hände und seine verletzte Seite. Kein Zweifel, er war es wirklich, er lebte!

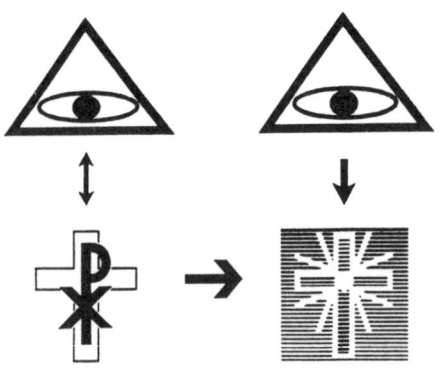

Den Jüngern fiel es auf einmal wie Schuppen von den Augen: *Gott selber musste eingegriffen haben.* Der allmächtige Vater im Himmel hatte Jesus von den Toten auferweckt. Er hatte ihm *neues, unvergängliches Leben* geschenkt. Nicht Jesu Gegner und nicht der Tod hatten das letzte Wort behalten, sondern *Gott.* Er hatte Jesus, der treu seinen Willen getan hatte, auferweckt (⇑). „Halleluja" – „Gott sei gelobt!" – erscholl es laut durch den kleinen Raum. „Pssst!" warnten einige Jünger den Rufer. Sie hatten es sich in den letzten Tagen angewöhnt, nur ganz leise zu sprechen, damit sie nicht bemerkt wurden. Doch schon im nächsten Moment hielten sie inne mit ihrem „Pssst!" Wozu sich jetzt noch ruhig verhalten? Hatten sie nicht vielmehr allen Grund, laut zu verkünden, was geschehen war? Ihrem Herrn und Meister hatte Gott Recht gegeben und ihn auferweckt!

Und sie – die Jünger – waren nach all den schrecklichen Ereignissen zu der Überzeugung gelangt, dass sie alle ihre Hoffnungen vergeblich auf Jesus gesetzt hatten. Doch nun hatte Gott auch sie nicht vergessen. Mit Jesu Auferweckung hatte er auch *ihren Glauben* und *ihre Hoffnung* mit neuem Leben erfüllt. „Halleluja, du lebst, Herr!" rief Petrus. Freudentränen liefen ihm über die Wangen. Die Jünger hatten sich erhoben. Ihnen war unbeschreiblich leicht zumute. Eine völlig unerwartete Wende war eingetreten. Jesus, ihr Herr und Meister, war nicht im Tode geblieben. Gott hatte ihn auferweckt. Gott hatte mit ihm eine neue Welt begonnen. Sein Reich war tatsächlich angebrochen. Die Jünger konnten die tiefe Bedeutung des Geschehenen jetzt noch kaum richtig erfassen. In diesem Moment waren sie nur unglaublich erleichtert und unbeschreiblich froh. Ihr Lebensmut war wiedergekehrt, ihre Angst vor Jesu Gegnern gewichen. Gott hatte ihre Gemeinschaft mit Jesus, die für kurze Zeit unterbrochen war, erneuert. Gott hatte Jesus Anteil an seinem ewigen Leben und seiner göttlichen Macht gegeben. Nun konnte er wie Gott selber immer bei ihnen sein, bis zum Ende dieser Welt (Mt 28,18–20).

b) Die Botschaft von der Auferweckung Jesu: eine erstaunliche Botschaft

Niemand war dabei, als Gott Jesus von den Toten auferweckte. *Jesus erschien seinen Jüngern.* Auf diese Weise ließ Gott die Jünger wissen, dass er Jesus auferweckt hatte. Die Jünger zogen danach los, um überall zu verkünden: *Jesus lebt. Er ist von den Toten auferstanden.* Sie gaben diese Botschaft an andere Menschen weiter. Erst nach einigen Jahrzehnten wurden die Evangelien geschrieben, 30 bis 40 Jahre nach der Auferstehung Jesu und später (s. das Schaubild auf S.12; s. auch I Nr.3a S.15–16). Wenn *wir* die Bibel lesen, dann vernehmen wir das *Zeugnis der Jünger*, denen der Auferstandene erschienen war, z.B. Lk 24,34: „Der Herr ist wirklich auferstanden und Simon (Petrus) erschienen."

Den Jüngern fiel es am Anfang keineswegs leicht, der Botschaft von Jesu Auferweckung zu glauben. Denn in einer Welt der Vergänglichkeit und des Todes widerspricht diese Botschaft unserer üblichen Erfahrung und unserem üblichen Denken. Jesu Auferstehung bedeutet ja, dass Gott Tod und Vergänglichkeit überwindet. Nicht der Tod hat das letzte Wort, sondern Gott. Er hat *Jesus* nicht im Tod gelassen, und er wird *auch uns* zu neuem Leben erwecken. Diese Hoffnung will Gott uns durch die Auferweckung Jesu von den Toten schenken.

Es hat bei den Jüngern einige Zeit gedauert, bis sie der Botschaft von der Auferstehung Jesu glauben konnten. Alle Evangelien berichten

uns von den *Zweifeln der Jünger an dieser Botschaft* (Mt 28,17; Mk
16,9–14; Lk 24,9–12; 24,21–27; 24,36–43; Joh 20,20.24–29). Der
Auferstandene selbst muss bei seinen Jüngern die Zweifel an seinem
neuen Leben beseitigen. In der oben nacherzählten Erscheinungsge-
schichte aus dem Johannesevangelium (20,19–20) zeigt er seinen
Jüngern seine Nägelmale und spricht mit ihnen, damit sie glauben
können, dass er der von den Toten auferweckte Jesus ist.
Das Grab Jesu war leer. Die Christen, die zum Glauben an den auferstandenen Christus gekommen waren, sagten: Das Grab ist deswegen
leer, weil Gott Christus von den Toten auferweckt hat. Die Ungläubi-
gen erklärten es anders. Einige behaupteten, die Jünger hätten Jesu
Leichnam gestohlen. Darum sei das Grab leer gewesen (Mt 28,11–15).
Jesus nahm seinen Jüngern die Zweifel an seiner Auferstehung, indem er ihnen *mehrere Male* erschien, mit ihnen redete und aß. Auch
in uns schafft der auferstandene Christus Glauben, der *unsere* Zweifel
überwindet und *uns* eine lebendige Hoffnung schenkt: Die einen führt
er durch Menschen zum Glauben, die sich mit ihrem Leben zu Christus bekennen. Andere ruft Christus durch den Kindergottesdienst,
durch den Konfirmandenunterricht und durch die gottesdienstliche
Predigt in seine Gemeinschaft. Für uns alle gilt: Den lebendigen
Kontakt mit Christus behalten wir dadurch, dass wir uns immer wieder mit seinen Worten und Taten, mit seinem Kreuz und mit seiner
Auferstehung beschäftigen.

c) Gebet zum lebendigen Christus

Herr Jesus Christus! Du hast Gottes Liebe zu uns Menschen gebracht.
Du hast uns in Gleichnissen verkündet, dass Gott uns sucht wie der Hirte
sein verlorenes Schaf; dass Gott uns annimmt wie der Vater seinen verlore-
nen Sohn.
Du hast dich liebevoll um uns Menschen gekümmert:
Zolleintreiber und Prostituierte, die von ihren Mitmenschen gemieden wur-
den, hast du in Gottes Gemeinschaft gerufen;
Aussätzige und andere Kranke, die sich selber aufgegeben hatten, hast du ge-
heilt und ihnen neues Leben geschenkt.
Weil du uns Menschen liebst, hast du dir Unrecht tun lassen, als sie dich als
Gotteslästerer anklagten.

Weil du niemanden zum Glauben zwingen wolltest, hast du dich nicht vertei-
digt und gewehrt, als sie dich falsch beschuldigten und kreuzigten.

Noch am Kreuz hast du für deine Feinde gebetet: „Vater, vergib ihnen, denn
sie wissen nicht, was sie tun!"

Für sie bist du gestorben – und auch für uns, für unsre Schuld.

Unsere Gottesferne hast du am Kreuz stellvertretend auf dich genommen:
„Mein Gott, mein Gott, warum hast du mich verlassen!?"

Dann bist du gestorben und begraben worden.

Nun ist alles aus, dachten deine Gegner – und auch deine Jünger.

Aber du warst nicht von Gott verlassen. Du hast mit deinem ganzen Leben
und seinem bitteren Ende treu Gottes Willen erfüllt.

Und darum hat Gott nicht länger geschwiegen. Er hat dir die Treue gehalten
und sich zu dir bekannt.

Er hat dich auferweckt vom Tode zum ewigen Leben. Du bist deinen Jüngern
erschienen und hast sie aus ihrer Hoffnungslosigkeit erlöst.

Gott hat dir Anteil an seiner göttlichen Macht gegeben.

Du begegnest auch uns als der lebendige Herr.

Du erweckst in uns Glauben und Hoffnung.

Wir dürfen deine Nähe im Gottesdienst und in unserem Gebet erfahren.

Wir danken dir, Herr Jesus Christus, für alles, was du für uns getan hast und
tust. Halte uns fest in deiner Gemeinschaft. Amen.

FRAGEN ZUM NACHDENKEN:

① Welche Bedeutung hat die Auferweckung Jesu für die Menschheit?

② Welche Bedeutung hat die Auferweckung Jesu für mich persönlich?

WEITERE WICHTIGE BIBELSTELLEN ZUM THEMA:

- Kreuz und Auferweckung Jesu gehören untrennbar zusammen: Apg 4,10;
  5,30; 13,28–31; Röm 4,25; 1.Kor 15,3–4; 2.Kor 5,15.
- Die Auferweckung Jesu als Machterweis Gottes: Apg 2,24.32; Röm 4,
  17b.24; 10,9; Gal 1,1; 1.Thess 1,10.
- Der Auferstandene bezeugt sich Menschen: Lk 24,13–35; Joh 21; Apg 9,
  1–19; 10,40–41; 1.Kor 15,3–9; s. auch die oben angegebenen Stellen.
- Jesu Auferstehung begründet die Mission: Mt 28,16–20; Mk 16,14–15;
  Lk 24,9.46–48; Joh 20,19–23; Apg 10,39–43.
- Die Auferweckung Jesu als Grund der christlichen Hoffnung: Joh 6,40;
  11,25–26; 1.Kor 6,14; 15,20.22; 2.Kor 4,14; 1.Petr 1,21; Offb 1,17–18.

11. Jesus erhält Anteil an Gottes Macht

a) „Aufgefahren in den Himmel; er sitzt zur Rechten Gottes, des allmächtigen Vaters"

Nach seiner Auferstehung ist Jesus seinen Jüngern in einem begrenzten Zeitraum mehrere Male erschienen (Apg 1,3). Die Evangelien berichten von seinen Erscheinungen. Danach ist er endgültig zu seinem himmlischen Vater gegangen. *„Himmelfahrt"* nennen wir dieses Ereignis. Was ist darunter zu verstehen?

Wir kommen der Bedeutung der „Himmelfahrt" Jesu näher, wenn wir uns klarmachen, dass „Himmel" in der Bibel mehrere Bedeutungen hat. Im Deutschen kennen wir nur das Wort „Himmel". Im Englischen unterscheidet man zwischen „sky" (= der Himmel, den man mit den Augen sieht) und „heaven" (= die Welt Gottes). Entsprechend meint „Himmel" in der Bibel ① den sichtbaren Himmel, das „Himmelszelt". ② „Himmel" ist aber auch eine Bezeichnung für die unsichtbare „Welt Gottes". Wo Gott ist, da ist der Himmel. Und wo der Himmel ist, da ist Gott. ③ Da die Juden eine starke Scheu davor hatten, den Namen Gottes zu „missbrauchen" (2. Gebot), benutzten sie das Wort „Himmel" für „Gott". „Beim Himmel schwören" hieß: „bei Gott schwören" (Mt 23,22). In den Evangelien spricht Jesus entweder vom „Reich Gottes" oder vom „Himmelreich". Beidemale ist dasselbe gemeint.

*„Himmel*fahrt" bedeutet also: Jesus der Auferstandene geht in die unsichtbare *Welt Gottes*. Oder ganz einfach ausgedrückt: *Jesus geht zu Gott.* Er setzt sich zur Rechten Gottes, des allmächtigen Vaters (z.B. Röm 8,34). Dieses Geschehen hält *Apg 1,8–14* fest: Lukas sagt nicht, dass Jesus wie eine Rakete in den Himmel fuhr. Sondern „eine *Wolke* nahm ihn auf" (Apg 1,9). Auch die „Wolke" ist ein Hinweis auf Gott, wird sie in der Bibel doch gerne als Sinnbild für die verborgene Gegenwart Gottes verwendet (vgl. z.B. Mk 9,7 mit Mk 1,11). „Eine Wolke nahm ihn auf" bedeutet also: *Gott nahm Jesus zu sich.* Wie Wolken einen Berg verdecken, so wurde Jesus den Blicken der Jünger entzogen. Die Zeit der Erscheinungen des Auferstandenen vor seinen Jüngern ist vorüber. Sie können ihn nun nicht mehr sehen, weil er „in den Himmel" = „zu Gott", seinem himmlischen Vater gegangen ist. Gott schenkt ihm Anteil an seiner göttlichen Macht.

Die Jünger erfahren das noch an demselben Tag. Sie kehren nach Jerusalem in ihr Haus zurück. Dort beten sie: *zu Jesus.* Vorher konnten sie nicht zu ihm beten. Aber nach seiner „Himmelfahrt" kann Jesus

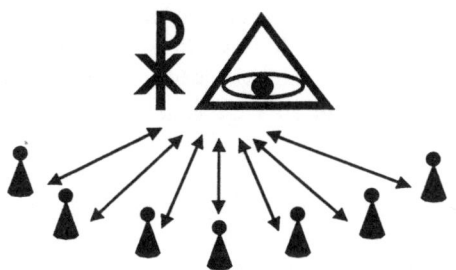

überall bei ihnen sein *wie Gott selber.* Denn Jesus ist jetzt *bei Gott – mit Gott vereint – wie Gott* (Apg 7,55–56 [⇦]). – Das, was der Evangelist Lukas in seiner Apostelgeschichte (1,8–14) mit der Geschichte von Jesu „Himmelfahrt" zum Ausdruck bringen will, das sagt der Evangelist *Matthäus* auf seine Weise (Mt 28,16–20). Auch er beschreibt Jesu Abschied von seinen Jüngern und bezeugt, dass Jesus Anteil an Gottes Allmacht erhalten hat. Christus sagt zu seinen Jüngern: Gott hat mir „alle Gewalt im Himmel und auf Erden gegeben". Darum „bin ich bei euch alle Tage bis an das Ende der Welt" (Mt 28,18.20).

b) „Von dort wird er kommen, zu richten die Lebenden und die Toten"

Die Schöpfungsgeschichten haben uns deutlich gemacht, dass Gott uns Menschen als Gegenüber, als Partner und als Mitarbeiter in seiner Schöpfung geschaffen hat, die Gott, ihrem Schöpfer, *verantwortlich* sind (s. II Nr.2c–d S.46–47). Dass wir unser Leben vor Gott zu verantworten haben, macht das NT uns etwa mit dem *Gleichnis vom barmherzigen König* klar, der seinen Verwalter zur Rechenschaft zieht, ihm aber alle seine Schuld(en) erlässt (s. III Nr.4b–c S.70–73). Das NT sagt uns auf vielfältige Weise, dass wir Menschen uns nach unserem Tod für unsere Lebensführung vor Gott zu verantworten haben. Nach unserer *Gottesliebe* und *Nächstenliebe* werden wir dann gefragt (Mt 22,34–40; 25,31–46). Das NT bezeugt, dass Gott *Christus* bevollmächtigt hat, dieses *letzte („jüngste") Gericht* zu halten, bei dem sich alle Menschen vor ihm zu verantworten haben (z.B. Apg 10,42; 17,31; 2.Kor 5,10).

Wir Christen werden unsere Verantwortung ernst nehmen und uns in unserem Leben darum bemühen, Gott treu zu sein und unseren Nächsten zu lieben, so gut wir können. Oft genug werden wir jedoch Gott und den Nächsten vergessen. Trotzdem brauchen wir uns vor diesem Gericht nicht zu fürchten. Nicht, weil wir bessere Menschen sind als die Nichtchristen (über das Ergehen anderer Menschen im „jüngsten Gericht" sollten wir uns übrigens nicht zu viele Gedanken machen und uns „den Kopf Christi zerbrechen": sein „Gericht ist gerecht" [Joh 5,30; Offb 16,7]). Sondern wir brauchen das Gericht Christi deswegen nicht zu fürchten, weil wir ja wissen, *wer* der Richter ist: Christus unser Herr, *der für uns gestorben ist*. Wir vertrauen darauf, dass er uns auch aus dem letzten Gericht „errettet" (1.Thess 1,10).

Auf einer alten Ikone ist „Christus der Weltenrichter" abgebildet (⇨ S.99). Die Linien vom Haupt zu den Füßen und die von der linken zur rechten Hand erinnern deutlich an sein *Kreuz*. Das Haupt ist von einem Kreis („Nimbus") umgeben, in dem die Kreuzesbalken zu den Seiten und nach oben wie Strahlen eingezeichnet sind. Hände und Füße der Christusgestalt tragen deutlich die Nägelmale des Gekreuzigten. Die Ikone will zum Ausdruck bringen: *Christus der Weltenrichter* ist kein anderer als *Christus der Gekreuzigte*. Er ist für uns Menschen ans Kreuz gegangen. Weil Jesus als Unschuldiger starb, vergibt Gott uns unsere Sünde. So können wir ohne Angst dem Weltgericht Christi entgegengehen: unser *Richter* ist ja zugleich unser *Retter*. Die Ikone stellt den „Richtstuhl", auf dem Christus sitzt, als *Regenbogen* dar. Der Regenbogen ist ein *Zeichen des Friedens* (vgl. 1.Mose 9,13), weil Christus uns Menschen mit Gott versöhnt hat (s. II Nr.4d S.55–56). Seine Liebe zu Gott und uns Menschen hat Christus dazu geführt, sich für uns in den Tod zu geben. Darum vertrauen wir fest darauf, dass seine Liebe zu uns Menschen uns auch durch Tod und Gericht hindurch in Gottes Ewigkeit retten wird.

Martin Luther sagt: „*Glaube* heißt, dass einer durch ein unmöglich Ding hindurchbrechen soll. Er geht hinein ins Meer, als wenn kein Wasser da wäre. Er geht in den Tod, als wenn kein Tod da wäre. Und er fällt Christus um den Hals, als wenn es niemals Sünde gegeben hätte. – Wo kein Glaube ist, da ist nur Furcht, Angst, Scheu und Traurigkeit."

EINE FRAGE ZUM NACHDENKEN:

In der Kirche wird die biblische Aussage, dass wir Menschen unsere Lebensführung im letzten Gericht Christi zu verantworten haben, vielerorts mit Stillschweigen übergangen. – Was kann man aus dieser Tatsache schließen?

WEITERE WICHTIGE BIBELSTELLEN ZUM THEMA:

- „Sitzend zur Rechten Gottes": Mt 26,64; Mk 16,19; Röm 8,34; Phil 2,8–11; Eph 1,20; 1.Petr 3,22; Hebr 1,3; 10,12; 12,2.
- „Zu richten die Lebenden und die Toten": Mt 7,21–23; 10,32–33; Joh 5, 22.27–30; Apg 17,31; 1.Kor 4,5; 2.Kor 5,10; 1.Petr 4,5.

IV. Ich glaube an den Heiligen Geist ...

1. Geistige Einflüsse und Gottes Geist

Etwas *Geistiges* „anschaulich" darzustellen, ist ein schwieriges Vorhaben. Doch weil wir Menschen von mancherlei „Geistern" beeinflusst, beherrscht und geprägt werden, ist es ganz wichtig, dass wir „unseren Geist" anstrengen und uns bewusstmachen, was „Geist" bedeutet – und was wir unter dem „Heiligen Geist" zu verstehen haben.

a) „Geister" beeinflussen uns

■ Eine Fußballmannschaft ist 1:3 im Rückstand. Einige Spieler hatten mit erfolglosen Alleingängen das schlechte Abschneiden ihrer Mannschaft bewirkt. In der Halbzeit sagt der Trainer: „Ich appelliere an Euren Mannschafts*geist*: Lasst die Alleingänge, reißt Euch zusammen und kämpft!" Die Mannschaft wird durch die Worte ihres Trainers ernüchtert und ermutigt. Sie möchte die Bezirksmeisterschaft gewinnen. Während der zweiten Halbzeit geben sich alle Spieler Mühe, besser aufeinander zu achten und den Ball dorthin zu spielen, wo ein Mitspieler günstig steht. Das Spiel endet 3:3; nach Verlängerung gewinnt die zunächst in deutlichem Rückstand befindliche Mannschaft sogar mit 4:3 Toren. Der „Mannschaftsgeist" erwies sich als *wirkungsvolle Kraft*, die der Mannschaft schließlich den Sieg bescherte.

■ Drei zehnjährige Mädchen spielen Verstecken. Die kleine achtjährige Claudia kommt dazu und fragt: „Darf ich mitspielen?" Zwei der größeren Mädchen sind dagegen: „Hau ab, du blöde Ziege. Wir sind doch keine Babysitter!!!" Traurig geht Claudia weiter. Eine alte Frau hat den Vorfall vom Balkon aus beobachtet. „Da kann man mal sehen, *wes Geistes Kinder* die sind", murmelt sie vor sich hin. Welcher Geist beherrschte die beiden Mädchen, die Claudia nicht mitspielen lassen wollten? Sie standen unter dem Einfluss des *Geistes des Hochmuts, der Lieblosigkeit* und *des Unverständnisses*. Dieser Geist hat Wirkungen auf ihr Verhalten anderen Menschen gegenüber. Claudia musste unter diesem *„bösen Geist"* leiden.

■ Geister, die uns Menschen beherrschen, sind *geistige Einflüsse, die Macht über uns ausüben*. Wir sind gar nicht so frei, wie wir oft zu sein meinen. Wir entscheiden oftmals auch gar nicht frei, sondern unsere Entscheidungen sind von allen möglichen geistigen Einflüssen mitbestimmt, z.B. von Werbespots aus dem Fernsehen oder von der gegenwärtig vor*herrschenden* Mode. Auch der *„Zeitgeist"* übt Einfluss auf uns aus: *„Man* tut dieses oder jenes". *„Man* lässt dieses oder jenes". Sehr viele Kirchenmitglieder verhalten sich nach dem *ungeschriebenen Gesetz*: „Man geht nicht zur Kirche." Sind sie in ihrer Entscheidung, nie oder ganz selten zum Gottesdienst zu gehen, wirklich frei?

■ Ein Tischlermeister verliert die Beherrschung und tobt, weil seine Mitarbeiter beim Einbau einer Treppe die Wand beschädigt haben. Später tut ihm das leid. Er sagt zu ihnen: „Es tut mir leid, dass ich erst so unbeherrscht war. Passieren kann ja immer mal etwas. Ich muss wohl *von allen guten Geistern verlassen* gewesen sein." – Auch bei einer Klassengemeinschaft sprechen wir von geistigen Einflüssen, die in einer Klasse wirksam sind. Die eine Klasse hat einen guten, eine andere einen schlechten *„Klassengeist".* – Ein Mensch kann erfüllt sein vom *Geist der Freude*, vom *Geist der Zufriedenheit* oder auch vom *Geist der Traurigkeit*. Es kann einen der *Geist der Langeweile*, der *Geist des Hasses* oder auch der *Geist des Friedens* beherrschen. Manchmal treibt einen ein *„Ungeist"* um, der sich etwa in Streiterei oder schlechter Laune bemerkbar macht. Wer traurig ist, kann sich von einem fröhlichen Menschen mit dem *Geist der Freude* anstecken lassen. Wer vom Geist des Hasses oder des Friedens beherrscht wird, der kann andere Menschen mit seinem Geist anstecken und Hass oder Frieden unter seinen Mitmenschen verbreiten. Die unterschiedlichsten Geister üben Macht und Einfluss unter uns Menschen aus.

b) Auch Gottes Geist will uns beeinflussen

Wir haben bemerkt: Geister, die uns beherrschen, sind geistige Einflüsse, die Macht über uns ausüben. Filme, Werbung oder auch die Gemeinschaft mit Gleichgesinnten üben einen geistigen Einfluss auf uns aus – ob wir es bewusst wahrnehmen oder nicht. Darum kommt es sehr darauf an, *welchen* geistigen Einflüssen wir uns aussetzen: guten oder schlechten. Auch Gott beeinflusst uns Menschen: durch *seinen* Geist, den die Bibel den *„Heiligen Geist"* nennt. „Heilig" heißt: „zu Gott gehörig". „Heiliger Geist" bedeutet also: „der Geist, der zu Gott gehört", der *Geist Gottes*. Gott will uns Menschen durch seinen Geist beeinflussen. Auch sein Geist hat wichtige Wirkungen auf unser Leben:

■ Wenn Gott uns seinen Heiligen Geist schenkt, dann können wir Menschen an ihn *glauben*. Nur unter dem Einfluss des Heiligen Geistes kann man sagen: „Ich glaube an Jesus und Gott" (vgl. 1.Kor 12, 3b). Wenn wir Glaubensschwierigkeiten oder Zweifel an Gott haben, dann können wir *eines* tun: Gott um seinen Heiligen Geist bitten, damit wir glauben können (⇨). Unser Gebet wird nicht ungehört bleiben. Denn Jesus verheißt uns: „Der Vater im Himmel wird den Heiligen Geist denen geben, die ihn (darum) bitten" (Lk 11,13). Etwa so kann man beten: „Gott, ich habe Schwierigkeiten zu glauben. Bitte schenke mir den Heiligen Geist, dass ich an dich glauben kann und dir zu vertrauen lerne. Amen." – Wenn Gott uns seinen Heiligen Geist schenkt, dann können wir an ihn glauben. Dann ist die Kluft zwischen Gott und uns Menschen überwunden: die Sünde (= Gottesferne). Damit ist Gottes Absicht Wirklichkeit geworden, möchte er doch jeden Menschen in seiner Gemeinschaft haben (s. I Nr.3b S.19–20). Der Heilige Geist macht uns zu „Gottes Kindern" (Röm 8,14–16).

■ Wenn Gott uns durch den Heiligen Geist zu Glaubenden gemacht hat, dann werden wir Gott in unserem Leben ernst nehmen. Dann lesen wir Gottes Wort, die *Bibel*. Dann nutzen wir das *Gespräch über Glaubensfragen* (etwa in einem Hauskreis oder im Seminar „Glaube im Gespräch"), um viel über Gott und Christus zu erfahren. Dann achten wir im Gottesdienst auf die *Predigt*, um zu hören, was *Gott* uns heute zu sagen hat (s. I Nr.4 S.30). Dann pflegen wir das *Gebet*, um mit Gott von uns aus zu sprechen.

■ Wenn Gott uns durch den Heiligen Geist zu Glaubenden gemacht hat, dann werden wir uns insbesondere auch mit seinem Sohn Jesus Christus auseinandersetzen. Der *Geist Jesu* wird uns dabei beeinflussen. An Christus können wir erkennen, was es heißt, Gott und den Nächsten zu lieben. In der „Glaubensschule Jesu" werden wir z.B. von seinem *Geist der Liebe* geprägt. Wird nicht unser Vertrauen und unsere Liebe zu Gott gestärkt, wenn wir Jesu Gleichnis vom verlorenen Sohn (Lk 15,11–24) oder das vom barmherzigen, vergebungsbereiten König (Mt 18,23–27) vernehmen? Oder wenn wir darüber nachdenken, dass Jesus dem betrügerischen Oberzöllner Zachäus

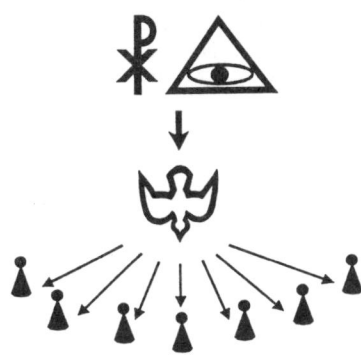

Gottes Liebe schenkt (Lk 19,1–10)? Kann wirklich jemand, der über Jesu Gleichnis vom barmherzigen Samariter (Lk 10,25–37) ernsthaft nachgedacht hat, hinterher völlig achtlos an der Not eines ihm begegnenden Menschen vorübergehen? Wenn wir uns mit Jesus Christus beschäftigen, dann lassen wir den Geist Gottes und den Geist Jesu auf unser Denken, Fühlen und Handeln einwirken (⇧). Dann *öffnen wir uns dem Einfluss des Heiligen Geistes* (Lk 24,49; Apg 1,8; Joh 16,12–13).

■ Der Heilige Geist beeinflusst also unser *Glaubensleben*. Er schenkt uns Hoffnung und Gottvertrauen. Und er macht uns zu liebevollen Menschen, deren Verhalten vom Geist der Liebe Jesu geprägt ist: „Der Geist Gottes lässt als Frucht eine Fülle von Gutem wachsen, nämlich: Liebe, Freude und Frieden, Geduld, Freundlichkeit und Güte, Treue, Bescheidenheit und Selbstbeherrschung" (Gal 5,22 [Übersetzung „Gute Nachricht Bibel"]). Allerdings können wir „Früchte des Geistes" nur unter der Voraussetzung ernten, dass wir in der „Glaubensschule Jesu" mitmachen

und uns Gottes Geist öffnen, wie sich die Hände der Menschen in der Abbildung am Anfang dieses Abschnitts dem Heiligen Geist offen entgegenstrecken (s. S.102). Dass wir unseren Glauben ernst nehmen und uns mit Christus auseinandersetzen. Dass wir Gott zu uns sprechen lassen (Bibel/ Predigt [⬈]) und selber auch mit Gott reden (Gebet). Auf diese Weise kann Gottes Geist in uns wirken mit dem Ergebnis, dass wir „begeisterte" Christen werden.

■ *Martin Luther* sagt in seiner Erklärung des Glaubensbekenntnisses vom *Heiligen Geist*: „Ich glaube, dass ich nicht aus eigener Vernunft noch Kraft an Jesus Christus, meinen Herrn, glauben oder zu ihm kommen kann. Sondern der Heilige Geist hat mich durch das Evangelium berufen, mit seinen Gaben erleuchtet, im rechten Glauben geheiligt und erhalten." Mit anderen Worten: Der Heilige Geist hat mich in die Gemeinschaft Gottes aufgenommen und bewirkt in mir Gottvertrauen und Liebe zu meinen Mitmenschen.

ANREGUNGEN UND FRAGEN ZUM NACHDENKEN:

① Wir denken über die sieben Strophen des Liedes „O komm, du Geist der Wahrheit" nach (Evangelisches Gesangbuch Nr. 136).
② Lk 11,13 verheißt Jesus uns, dass Gott seinen Heiligen Geist denen geben wird, die ihn darum bitten. Haben wir den Mut, das Lied „O komm, du Geist der Wahrheit" als unser Gebet zu singen?

WEITERE WICHTIGE BIBELSTELLEN ZUM THEMA:

● Der Heilige Geist ist Gottes Geist: Ps 143,10; Jes 11,2; Mt 3,16; Joh 4,24; 2.Kor 3,17.
● Gott, der Vater, wirkt durch seinen Sohn Jesus Christus unter uns Menschen durch den Heiligen Geist: Mt 28,19; Joh 16,5–15; 20,21–22; Apg 1, 8; 2,1–33; 1.Kor 2,12–16.
● Der Heilige Geist schafft, erhält und stärkt in uns Menschen den Glauben: Röm 8,16; 1.Kor 2,9–16; 12,3; 2.Kor 4,13; Eph 3,16–17; 1.Joh 4,2.
● Der Heilige Geist und die Gemeinschaft der Glaubenden: Apg 9,31; 20, 28; Phil 2,1–2.
● Der Heilige Geist macht aus uns liebevolle Menschen: Röm 5,5; 15,30; Gal 5,22–23; Kol 1,8.
● Weitere Wirkungen des Heiligen Geistes: Ps 51,12–14; Apg 4,31; Röm 14,17; 15,13; 1.Kor 12,1–11; 2.Kor 3,17; Gal 6,8; Phil 2,1; 1.Thess 1,6.

2. Die Kirche: eine Gemeinschaft der Glaubenden

a) Wesen und Auftrag der „heiligen christlichen Kirche"

In Mt 28,18–20 sagt der auferstandene Christus zu seinen Jüngern: Gott hat „mir alle Gewalt im Himmel und auf Erden gegeben. Darum geht hin und macht zu Jüngern alle Völker: Tauft sie auf den Namen des Vaters und des Sohnes und des Heiligen Geistes und lehrt sie halten alles, was ich euch befohlen habe. Und siehe, ich bin bei euch alle Tage bis an der Welt Ende." Aus diesen wenigen Worten wird uns klar, *was die Kirche ist, wovon sie lebt und wozu sie da ist:*

■ Gott hat Christus „alle Gewalt im Himmel und auf Erden gegeben". Er ist also der *Herr* (griechisch: „kyrios"), der Herr auch der *Kirche.* „Kirche"

kommt nämlich vom griechischen Wort „kyriakä", das „dem Herrn gehörig" bedeutet. Die „Kirche" ist also eine Gemeinschaft von Menschen, die *zu Christus gehören* und ihn als *ihren Herrn* bekennen (⇦).

■ Christus ist dadurch der Herr der Kirche und der einzelnen Christen, dass sie nach seinen Worten und Geboten leben: „Lehrt sie halten alles, was ich euch befohlen habe." Der wichtigste Inhalt der Lehre Jesu ist: „Liebe Gott – und deinen Nächsten wie dich selbst" (z.B. Mk 12,28–34). Mit einprägsamen Gleichnissen und seinem Verhalten hat Jesus uns zur Gottes- und Nächstenliebe ermutigt (s. z.B. IV Nr.1b S.102 dritter Punkt [bis S.103]). Die Liebe zu Gott und zum Nächsten (⇧) soll sich auch in der konkreten Gestalt und Arbeit der Kirche widerspiegeln: Gottesdienste, Räume zum Gespräch, Möglichkeiten zur Begegnung der Gemeindeglieder und diakonische Aktivitäten der Nächstenliebe (z.B. „Brot für die Welt", Besuchsdienst, Heime für Behinderte) gehören *wesentlich gemeinsam* zum kirchlichen Leben.

■ Wie werden Menschen zu lebendigen Gliedern der Kirche Jesu Christi? Durch den *Ruf der Predigt von Christus* lädt Gott uns Menschen in seine Gemeinschaft ein, stellt er ein Vertrauensverhältnis zwischen sich und uns her. Dieser *Glaube* ist zugleich unsere persönliche *gehorsame* Antwort auf Gottes *Ruf* (Röm 10,17). Durch fortgesetzte *biblische Unterweisung* vertieft Gott unseren Glauben und unsere Gotteserkenntnis (z.B. 2.Tim 3,14–17). Durch die *Taufe* werden wir Menschen in die Gemeinschaft der Kirche Jesu Christi aufgenommen (z.B. Apg 2,41). „Macht alle Völker zu Jüngern und tauft sie": mit diesem Wort Jesu sind die christlichen Kirchen zu missionarischer Verkündigung beauftragt. Sie sollen *alle Menschen* zum Glauben rufen, wo immer sie leben. Sie sollen die in Distanz zur Kirche lebenden Gemeindeglieder an ihre Zugehörigkeit zu Christus und seiner Kirche erinnern („innere Mission") und sein Wort in aller Welt verbreiten („äußere Mission").

■ Der auferstandene Christus lässt seine Christen und die Kirche bei der Erfüllung ihres Missionsauftrags nicht allein. Er ist im Verborgenen bei seiner Christenheit: „Siehe, ich bin bei euch alle Tage bis an der Welt Ende." Die Kirche lebt davon, dass Christus sie durch die Zeiten führt, auch jeden einzelnen Christen, auch uns. Er ist immer da. Jeder kann jederzeit zu ihm beten, auch wir.

■ Durch seine Kirche ruft Jesus Christus weltweit Menschen in *Gottes Gemeinschaft*. Darum wird die Kirche im Glaubensbekenntnis auch die *heilige* christliche Kirche genannt. „Heilig" heißt ja: „zu Gott gehörig". Als Mitglieder der Gemeinschaft der Kirche Jesu Christi sind wir „heilig", d.h. *wir gehören zu Gott*. Wenn Paulus etwa seinen Römerbrief, die Korintherbriefe und den Philipperbrief an die „Heiligen" in Rom, Korinth und in Philippi adressiert, dann meint er: an die Menschen in Rom, Korinth oder Philippi, die zu Gott gehören (Röm 1,7; 1.Kor 1,2; 2.Kor 1,1; Phil 1,1).

b) Die Kirche bezeugt Christus weltweit

Der auferstandene Christus erteilt seinen Jüngern den Auftrag, „aller Welt" weiterzusagen und zu bezeugen, was sie mit Jesus erlebt und von ihm gelernt haben (Mt 28,20). Ähnlich sagt Christus beim Abschied von seinen Jüngern („Himmelfahrt": s. III Nr.11a S.96–97) in der *Apostelgeschichte*: „Ihr werdet die Kraft" für euer missionarisches Wirken „empfangen", wenn der Heilige Geist über euch kommt, und „werdet meine Zeugen sein in Jerusalem und in ganz Judäa und in Samarien und bis an das Ende der Erde" (Apg 1,8). Die Apostelgeschichte berichtet, wie die *Jünger Jesu und andere Christen* von Jerusalem aus nach Judäa (das Land um Jerusalem herum) gingen und das Evangelium (= die frohe Botschaft) von Jesus Christus weitersagten. Sie gelangten auch in das an Judäa angrenzende Samarien und weit darüber hinaus. Der *Apostel Paulus* schließlich brachte das Evangelium nach Kleinasien und zu den Griechen. Am Ende seines Lebens kam er in die Hauptstadt des Römischen Reiches: nach Rom (Apg 28,11). So sehen wir bereits im NT, wie sich die Kirche weit über die Grenzen Palästinas hinaus ausbreitet.

alle Völker

Kirche Jesu Christi

Das Schaubild (⇑) will Folgendes zeigen: Wenn Menschen weltweit durch die Verkündigung des Evangeliums zum Glauben an Jesus Christus und Gott finden, werden sie Glieder der Kirche Jesu Christi. In der Gemeinde der Christen leben sie ihr Leben dann in Gottes Gemeinschaft. – In 2000 Jahren ist inzwischen eine *weltweite Kirche* entstanden: in Europa, Teilen Afrikas und Vorderasiens bildeten sich durch die christliche Mission überall Christengemeinden und in ihrem Gefolge ganze Kirchen. Vom Mittelalter an brachten Missionare den christlichen Glauben nach Amerika, ganz Afrika, Australien, China, Japan, Indien usw. Das Wort „Kirche" hat vielfältige Bedeutung. Wir verstehen darunter das *Kirchengebäude*, die *Kirchengemeinde* und die *Institution Kirche* (Landeskirchen; Evangelische Kirche in Deutschland; Katholische Kirche). „Kirche" ist aber auch die *weltweite Christenheit*.
Im Lauf der Kirchengeschichte haben sich in der weltweiten Christenheit unterschiedliche *Konfessionen* (Glaubensrichtungen) herausgebildet (⇨ Abbildung auf der folgenden Seite):

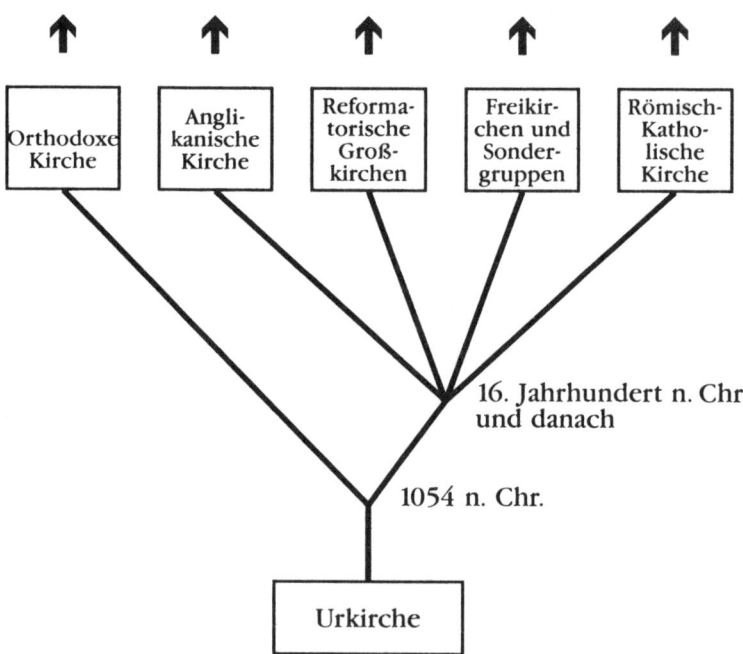

Weltweite Christenheit

Orthodoxe Kirche

Anglikanische Kirche

Reformatorische Großkirchen

Freikirchen und Sondergruppen

Römisch-Katholische Kirche

16. Jahrhundert n. Chr. und danach

1054 n. Chr.

Urkirche

Im zwanzigsten Jahrhundert führte das Leiden an der Zerteilung „*der* Kirche" in Kirchen mit unterschiedlichen Konfessionen zu dem Verlangen, die Grenzen zwischen den einzelnen Kirchen zu überwinden. Im Jahre 1948 wurde der „*Ökumenische Rat der Kirchen*" gegründet („Ökumene" bedeutet: „die ganze Welt umfassend"), in dem die einzelnen Kirchen entweder *Mitglieder* sind (orthodoxe, anglikanische und reformatorische Kirchen; Freikirchen) oder zumindest mit dem Ökumenischen Rat *zusammenarbeiten* (römisch-katholische Kirche; einige Freikirchen). Die jeweiligen Mitgliedskirchen des Ökumenischen Rats haben *in Einzelfragen* zwar *unterschiedliche Auffassungen vom christlichen Glauben*. *Gemeinsam* ist ihnen aber *das Bekenntnis zu Jesus Christus*: „Der Ökumenische Rat der Kirchen ist eine Gemeinschaft von Kirchen, die den Herrn Jesus Christus gemäß der Heiligen Schrift als Gott und Heiland bekennen und darum zu erfüllen trachten, wozu sie gemeinsam berufen sind, zur Ehre Gottes des Vaters und des Sohnes und des Heiligen Geistes."

FRAGEN ZUM NACHDENKEN:

① Wir lesen Eph 2–4. Was sagt der Epheserbrief über das Wesen der Kirche aus?

② Entsprechen unsere Kirche, unsere Gemeinde und unser persönliches Leben dem Missionsauftrag Jesu (Mt 28,18–20), wie er oben in Abschnitt Nr.2a (S.106–108) entfaltet wurde?

WEITERE WICHTIGE BIBELSTELLEN ZUM THEMA:

• Christus ist der von Gott eingesetzte Herr der Welt: Apg 2,36; 10,36; Röm 1,3–4; Phil 2,8–11.
• Christus ist der Herr seiner Kirche: Joh 10,27–30; 15,9–17; Röm 14,8–9; 1.Kor 8,6; 12,5; Eph 4,5; 2.Tim 2,19.
• Die Glaubenden bekennen Christus als ihren Herrn: Joh 20,28; Röm 10, 9.12; 1.Kor 12,3.
• Christus ist im verborgenen in seiner Kirche gegenwärtig: Mt 18,20; Mk 16,20; Apg 9,10–19; 19,20.

c) „Die Gemeinschaft der Heiligen"

Durch das missionarische Wirken der Jünger wuchs die Zahl der Christen ständig. Erste Christengemeinden entstanden, später ganze Kirchen (⇦). Die ersten Gemeinden waren überschaubar. Sie lebten in einer heidnischen Umwelt, die Jupiter, Zeus, Artemis oder den römischen Kaiser als Gott anbeteten. So hielten die Christen fest zusammen, um *sich gegenseitig im Glauben zu stärken* und *einander* bei Problemen oder in Situationen von Unterdrückung oder gar Verfolgung *zu helfen*. Sie feierten gemeinsam Gottesdienste und das Abendmahl, beteten zusammen und aßen miteinander (z.B. Apg 2,41–47). Überall dort, wo neue Gemeinden und Kirchen entstanden, schlossen sich die „Heiligen" = die *zu Gott gehörenden Glaubenden* eng zusammen, um ihren Weg als Christen in einer andersgläubigen Umwelt gemeinsam zu gehen.

Die zahlreichen *Briefe des NT* wollten den jungen Gemeinden *Orientierung* auf ihrem „neuen Weg" (Apg 19,23) geben. In den Briefen werden Fragen angesprochen, die die Gemeindeglieder beschäftigten, z.B.: ◆ Haben Christen totale Freiheit, nachdem sie sich von den heidnischen Göttern zum lebendigen Gott bekehrt haben (1.Kor 10,23–24; 12,2)? ◆ Sollen Christen gegeneinander vor heidnischen Gerichten prozessieren (1.Kor 6,1)? ◆ Welche Regeln sind dem Leben innerhalb der Christengemeinde und dem Zusammenleben von Christen und Nichtchristen förderlich (Röm 12,9–21)? ◆ Wie sollen sich die Christen verhalten, wenn andersgläubige Mitbürger sie unter Druck setzen (1.Petr 4,12–16)? ◆ Welche Hoffnung dürfen Christen angesichts von Tod und Vergänglichkeit haben (1.Thess 4,13–18)?

Unsere Kirchensituation heute ist *völlig anders*. Bei uns gehören etwa 75–80 Prozent der Bevölkerung in den „alten" und rund 20–25 Prozent in den „neuen" Bundesländern einer der großen christlichen Kirchen an (in den Großstädten sind es jeweils weniger). Jedoch halten sich nur wenige Kirchenmitglieder zur „Gemeinschaft der Heiligen": Nur wenige nehmen am gottesdienstlichen Leben, an Gruppen, Gesprächskreisen oder sonstigen Angeboten ihrer Kirchengemeinde teil. Insgesamt sind es nicht viele, die im Kindergottesdienst, im Kirchenvorstand, im Kirchenchor oder sonstwo mitarbeiten. Die meisten Kirchenmitglieder in den evangelischen Landeskirchen leben *in Distanz zu ihrer Kirchengemeinde*. Noch werden zwar die meisten Kinder getauft und konfirmiert. Doch längst nicht alle Eltern achten darauf, dass ihre getauften Kinder auch den Kindergottesdienst besuchen. Und nach der Konfirmation verhalten sich die meisten Konfirmierten so, wie es ihnen die Mehrheit der Gemeindeglieder vorlebt: Sie kümmern sich nicht weiter um Gott, ihren Glauben und ihre Kirche.
Die Distanz vieler Kirchenmitglieder zu ihrer Kirche stellt ein großes Problem dar. Denn *wir brauchen die „Gemeinschaft der Heiligen"* – das ist *die Kirche Jesu Christi* –, um als einzelne Christen unser Leben in Gottes Gemeinschaft zu führen. Durch das *Hören auf Gottes*

Wort („Gott spricht mit mir"), durch das *Gebet* („Ich spreche mit Gott") und auch durch das *Zusammensein mit unseren Mitchristen* bleibt unser Glaube lebendig (s. I Nr.4 S.29–31). Zwei Vergleiche sollen uns deutlich machen, dass die christliche Gemeinschaft wie auch die aktive „Pflege" unseres Glaubens *notwendig* sind:

■ Wenn man einen glühenden Holzscheit aus dem Feuer nimmt und beiseite legt, dann wird er langsam verlöschen, während das Feuer weiterbrennt. Wenn ein Christ die Gemeinschaft der Christen (im Bild: das „Feuer") verlässt, dann wird sein Glaube langsam erkalten und verkümmern.

■ Wenn eine Pflanze nicht gepflegt wird, wenn man ihr kein Wasser gibt, dann wird sie eingehen. Wenn das „Pflänzchen Glaube", das der Heilige Geist in uns eingepflanzt hat, nicht durch Gottes Wort, das Gebet und das Gespräch mit anderen Christen gepflegt wird, dann wird es verkümmern und eingehen. Die Kirchengemeinde ist der Ort, in dem unser Glaube wachsen und reifen kann.

Die Distanz vieler Kirchenmitglieder zu ihrer Kirche führt dazu, dass viele auf „*die* Kirche" schimpfen. Gewiss gibt es viel berechtigte Kritik an der Kirche: an Pfarrer(inne)n und Mitarbeiter(inne)n, die allerdings *auch nur Menschen* sind, oder etwa an den mitunter belanglosen Inhalten kirchlicher Arbeit. Aber darüber „schimpfen" hilft nicht weiter. Kritiker der Kirche vergessen sehr leicht, dass *sie selber auch ein Teil der von ihnen kritisierten Kirche* sind. Sie sollten sich fragen, wieweit *auch sie* für die Zustände mitverantwortlich sind, die sie kritisieren.

In einer Gemeinde hatte ein Pastor das ewige Gemecker satt. Die einen sagten: Mit der Kirche ist nichts mehr los. Sie ist zu altmodisch, sie geht nicht mit der Zeit mit. Die anderen beklagten das Gegenteil: sie ist zu modern, zu angepasst, zu politisch. In der Kirche ist es nicht fröhlich genug, sagten die einen. Der Gottesdienst mache nicht genügend „Spaß". Andere bemängelten, dass der kirchlichen Arbeit der nötige Ernst fehlt. Auch der Pfarrer ist langweilig. Was der alles so erzählt! Viele meinten: Die Kirche ist längst überholt, sie ist schon tot. Das, was wir erleben, sind nur noch ihre letzten Zuckungen. Von dieser Gemeinde wird nun folgende Geschichte berichtet:

Es war an einem Freitagmorgen vor Pfingsten. Die Kirchenglocken läuten. Wer ist denn gestorben, so fragen die Leute. War jemand schwerkrank? Dr. Kunze und Dr. Wicke werden von Neugierigen angerufen. Aber sie wissen von nichts. Gegen 12 Uhr kommt ein Leichenwagen, hält vor der Kirche, und mehrere Männer tragen einen schweren Sarg hinein. Was soll denn das, so setzt die Fragerei wieder ein. Wir haben doch eine Leichenhalle auf dem Friedhof. Weiß denn Küster Merkel nichts? Nein, der weiß auch nichts. Der Pastor hat die Kirche verschlossen. Wenn man ihn anruft, geht er nicht ans Telefon. Alles sonderbar! Ein Grab wird auch nicht ausgehoben. Der Freitag vergeht. Die Frage „Was ist eigentlich los?" wird in den Gasthäusern und Familien erörtert, jedoch ohne Ergebnis.

Am nächsten Morgen steht in der Lokalzeitung dick und fett gedruckt eine riesige Anzeige. Die Zeitung, die sonst oft unbeachtet herumliegt, wird förmlich verschlungen. Hier steht es nun schwarz auf weiß: „Liebe Gemeinde, nach langem Leiden starb, von vielen vergessen, fast in Einsamkeit, die für uns alle unersetzliche ... Die Trauerfeier findet morgen am Pfingstsonntag um 9 Uhr in unserer Kirche statt. Euer Pastor Peter Lontking." „Was ist denn das schon wieder, ist denn der Pastor völlig übergeschnappt?", so hört man fragen. Andere meinen: „Nun hat's unseren Pastor erwischt, nun spinnt er richtig." Aber weil man ja nie wissen kann, ob an der Geschichte nicht doch etwas dran ist, beschließen viele Gemeindeglieder, am nächsten Tag zur Trauerfeier zu gehen.

Der Pfingstmorgen kommt. Zahlreiche Menschen haben sich aufgemacht, um zur Kirche zu gehen. Die Kirche ist dieses Mal so voll, dass viele Menschen draußen vor der Kirchentür stehen müssen. Es wird 9 Uhr. Mit ernstem Gesicht kommt der Pastor. Er muss sich richtig durch die Menschenmenge hindurchkämpfen, bis er vor dem Altar am offenen Sarg steht. Nach dem Eingangslied hört man ihn mit ruhiger Stimme sagen: „Liebe Schwestern und Brüder, zunächst danke ich euch, dass ihr so zahlreich gekommen seid. Leider habe ich eine traurige Nachricht. Nachdem wir alle uns so wenig um sie gekümmert haben und vieles andere für wichtiger hielten, ist unsere Kirche sanft entschlafen. Wer sie noch einmal sehen möchte, der möge nach vorne kommen und einen Blick in den Sarg werfen. Wer hier vorbeigekommen ist und in den Sarg geschaut hat, der verlasse bitte die Kirche durch die Sakristei. Wer danach noch mehr hören möchte, den lade ich herzlich ein, zum anschließenden Gottesdienst wieder durch den Haupteingang in die Kirche zu kommen."

Eisiges Schweigen. Doch dann fasst eine ältere, aber resolute Dame sich ein Herz, tritt vor, blickt in den Sarg, erbleicht und verlässt vorne durch die Sakristei mit sehr ernstem Gesicht die Kirche. Erst zögern noch einige, aber dann treten in langer Schlange alle Kirchenbesucher vor, blicken in den Sarg und erschrecken. Nach etwa 20 Minuten ist der Vorbeimarsch zu Ende. Doch keiner ist wieder nach Hause gegangen. Sie sitzen oder stehen wieder mit ernsten und nachdenklichen Gesichtern in der Kirche.

Was ist da im Sarg gewesen? Was hatte sie so verändert? Im Sarg war ein großer Spiegel. Und jeder, der in den Sarg geschaut hatte, hatte sein eigenes Gesicht erblickt. Und alle hatten auf diese drastische Weise erfahren und begriffen: Die Kirche, die zu altmodisch oder modern ist, die so vieles falsch macht, von der so oft gesagt wird, dass in ihr kein Leben mehr ist, diese Kirche – das sind ja wir. Das bin ja ich selbst. Gemeinsam feierten sie jetzt den Gottesdienst.

Zum Schluss wurde ein Gebet gesprochen, das alle Gemeindemitglieder ausgehändigt bekamen. Es hatte folgenden Wortlaut:

<blockquote>
Herr, erwecke deine Kirche – und fange bei mir an.

Herr, baue deine Gemeinde – und fange bei mir an.

Herr, lass Frieden und Gotteserkenntnis überall auf Erden kommen

– und fange bei mir an.

Herr, bringe deine Liebe und Wahrheit zu allen Menschen

– und fange bei mir an. Amen.[3]
</blockquote>

Eines hatten diese Gemeindeglieder an jenem Pfingstmorgen begriffen: Kirche – das sind wir selber. Wie lebendig es in unserer Gemeinde zugeht, das hängt ganz entscheidend auch von uns selber ab.

EINE FRAGE ZUM NACHDENKEN:

Woran mag es liegen, dass viele Gemeindeglieder der großen Landeskirchen der Bundesrepublik ein distanziertes Verhältnis zu ihrer Kirche und Gemeinde haben?

WEITERE WICHTIGE BIBELSTELLEN ZUM THEMA:

Die Gemeinde ist ein lebendiger Organismus, in dem jeder Christ eine wichtige Aufgabe hat: Röm 12,3–8; 1.Kor 12; Eph 2,16–22; 1.Petr 4,10–11.

3. „Vergebung der Sünden"

a) Sünde und Sündenvergebung

Wiederholung: Was ist Sünde? Ein *Sünder* ist nach der Bibel ein Mensch, der sein Leben nicht in der Gemeinschaft des wahren und lebendigen Gottes lebt. Vielleicht hat er nie richtig gehört oder verstanden, dass Gott ihn liebt.

So bleibt Gott ihm fremd. „Andere Götter" nehmen in seinem Leben die Stelle Gottes ein, z.B. Geld, Arbeit, Hobbys oder „Kulte". *Sünde* ist also ein Leben ohne Gott, der Unglaube, ja geradezu die Ablehnung Gottes (Röm 8, 7). Weil Gott dem Sünder uninteressant ist, sind ihm auch die Gebote unwichtig, die der himmlische Vater uns Menschen zum Gelingen unseres Lebens gab. Der Sünder wird also *sündigen*, das heißt Gottes Gebote nicht beachten und sie übertreten. Er wird etwa um des eigenen Vorteils willen stehlen (7. Gebot) oder die Unwahrheit sagen (8. Gebot) usw. Christen, die sich bemühen, Gott und seine Gebote ernst zu nehmen, verhalten sich oft nicht anders, weil sie Sünder sind und bleiben (1.Joh 1,8–9).

Jesus nimmt Menschen in Gottes Gemeinschaft auf, indem er ihnen die Sünden vergibt: Gott hat Jesus zu uns Menschen gesandt, weil er unsere Gottesferne (= Sünde) überwinden will. Jesus sagt uns: Gott liebt euch, er will etwas von euch wissen, auch wenn ihr nichts von ihm wissen wollt. Ihr braucht vor Gott keine Angst zu haben. Kommt in seine Gemeinschaft. Den betrügerischen Zöllner Zachäus nimmt Jesus in Gottes Gemeinschaft auf. Dadurch wird er verändert (Lk 19,1–10; s. III Nr.5a S.74–75). Mit dem Gleichnis vom barmherzigen König und seinem unbarmherzigen Knecht macht Jesus uns deutlich, dass Gott uns alle Sünden vergibt *und* dass wir einander ebenfalls unsere Schuld verzeihen sollen (Mt 18,23–35; s. III Nr.4b–c S.70–73). Dem Gelähmten vergibt Jesus im Auftrag Gottes die Sünden (Mk 2,1–12; s. III Nr.5b S.75–76). Jesu Gleichnis vom verlorenen Sohn (Lk 15,11–24) zeigt eindrücklich, wie Gott einen Menschen wieder in seine Gemeinschaft aufnimmt, der nichts von ihm wissen wollte.

Durch seine Kirche ruft Christus heute Sünder zu Gott: Heute lädt Jesus alle Menschen durch das weltweite Handeln seiner Kirche in Gottes Gemeinschaft ein – auch uns. In Predigten, im Konfirmandenunterricht, in Gesprächskreisen, in Krankenhausandachten, im persönlichen Gespräch von Christen miteinander, im „Wort zum Sonntag" oder in diakonischen Einrichtungen versuchen Christen deutlich zu machen oder zu begreifen: Der barmherzige Gott liebt alle Menschen, darum kann jeder zu ihm kommen. Gott nimmt uns an, ob wir viel oder wenig gesündigt haben. Er vergibt jedem, der „Buße tut" (= seine Sünde erkennt, bekennt und zu Gott „umkehrt": Mk 1,15; Lk 15,21–24) – auch uns. Die Kirche Jesu Christi hat drei besondere „*Orte*" empfangen, in denen uns Menschen die Vergebung der Sünden und damit die Gemeinschaft Gottes in besonderer Weise zugesprochen werden: die *Taufe* – das *Abendmahl* – und die *Beichte*.

b) Gott nimmt Sünder in seine Gemeinschaft auf: die Taufe

Mit seiner Taufe wird ein Mensch in die Gemeinschaft Gottes und in die Gemeinschaft der Kinder Gottes, also in die Kirche aufgenommen (Apg 2,41). Jesus selbst hat seine Kirche beauftragt, das Evangelium zu verkündigen und zu taufen: „Geht hin und macht zu Jüngern (= zu Christen) alle Völker: Tauft sie auf den Namen des Vaters und des Sohnes und des Heiligen Geistes und lehrt sie halten alles, was ich euch befohlen habe" (Mt 28,19–20).

Die Worte bei der Taufe: Wenn in unserer Kirche beim Taufakt Wasser über den Kopf des Täuflings geträufelt wird, begleiten diese Handlung gewöhnlich folgende Worte: „[Name des Täuflings], ich taufe dich auf den Namen Gottes des Vaters und des Sohnes und des Heiligen Geistes." Das bedeutet: „Gott sagt zu dir – dem Täufling – Ja. Er nimmt dich in seine Gemeinschaft auf. Du gehörst nun zu Gott und zur Kirche Jesu Christi. Durch seinen Heiligen Geist ist Gott im Verborgenen bei dir und will dich durch dein Leben in die Ewigkeit geleiten." Der Taufakt wird darum etwa mit folgenden Worten abgeschlossen: „So wirklich du nun getauft bist, so wirklich will Gott auch dein Gott sein, der dich liebt und mit dir geht. Friede sei mit dir."

Das Wasser bei der Taufe: In der Christenheit sind zwei etwas unterschiedliche Taufhandlungen in Gebrauch, die *beide* auf das biblische Verständnis des Taufgeschehens zurückzuführen sind:

■ In einigen Kirchen wird bei der Taufe *der ganze Mensch im Taufwasser untergetaucht* (z.B. Apg 8,35–38). Mit diesem Akt kommt der Sinn der Taufe sichtbar zum Ausdruck: Der *Sünder* (= der Mensch in mir, der von Gott nichts wissen will) *wird ertränkt.* Aus der Taufe geht ein *neuer Mensch* hervor, der ganz zu Gott gehört und sein Leben in Liebe zu Gott und seinem Nächsten zu leben sich bemühen soll. In diesem Sinn schreibt der Apostel Paulus von der Taufe: „Ihr müsst euch doch darüber im klaren sein, was bei der Taufe mit euch geschehen ist. Wir alle, die 'in Jesus Christus hinein' getauft wurden, sind damit in seinen Tod hineingetauft, ja hinein*getaucht* worden. Durch diese Taufe wurden wir auch zusammen mit ihm begraben. Und wie Christus durch die Lebensmacht Gottes, des Vaters, vom Tod auferweckt wurde, so ist uns ein neues Leben geschenkt worden, in dem wir nun auch *leben* sollen ... Mit seinem Tod hat Christus der Sünde ein für allemal gegeben, was sie zu fordern hat; mit seinem Leben aber gehört er Gott. Genauso müsst ihr von euch selbst denken: Ihr seid tot für die Sünde, aber wie ihr mit Jesus Christus verbunden seid, lebt ihr für Gott" (Röm 6,3–4.10–11 [Übersetzung „Gute Nachricht Bibel"]).

■ In vielen Kirchen wird *symbolisch nur etwas Wasser über den Kopf des Täuflings geträufelt*. Diese Form der Taufe macht eher einen anderen biblischen Taufgedanken anschaulich: Das symbolische Besprengen des Kopfes des Täuflings mit Wasser führt uns vor Augen, dass wir durch die Taufe *von den Sünden gereinigt* werden. Die Sünde wird „abgewaschen", das heißt, sie wird uns *vergeben*: „Steh auf und rufe seinen (Jesu) Namen an und lass dich taufen und deine Sünden abwaschen" (Apg 22,16).

Ob nun Taufe durch Untertauchen (das meint den symbolischen Tod des Sünders) oder durch Beträufeln mit Wasser (das meint die Reinigung von der Sünde): beide Taufformen haben *den-* 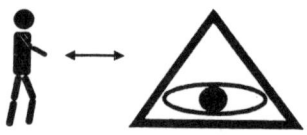 *selben Sinn*: Gott nimmt uns durch die Taufe in seine Gemeinschaft auf. Sünde soll nicht mehr trennend zwischen Gott und uns stehen (⇧).

Soll die Kirche kleine Kinder taufen? Die Evangelisch-Freikirchliche Gemeinde der Baptisten (= Täufer) ist der Überzeugung, dass die Taufe nicht für Säuglinge, sondern nur für bekennende Gläubige bestimmt ist. Erst nachdem sich ein Mensch zu Christus bekehrt hat, kann er getauft werden. Die Taufe hat dann die Bedeutung einer versichernden Zusage Gottes an den Glaubenden, dass er mit Christus gestorben ist, dass ihm die Sünden vergeben sind und dass er ein Kind Gottes ist. Weil die Baptisten die Kindertaufe nicht anerkennen, taufen sie im Kindesalter getaufte Menschen, die Mitglieder einer baptistischen Gemeinde werden, noch einmal. – Tauft die evangelische (und die katholische) Kirche Säuglinge und kleine Kinder zu Unrecht? Hat Jesus es so gemeint: „Gehet hin und macht alle Völker zu meinen Jüngern und tauft sie – mit Ausnahme der unmündigen Kinder" (vgl. Mt 28,19)? Das NT hilft uns zur Beantwortung dieser Frage direkt nicht weiter, weil die Stellen, die von der Taufe handeln, wenig über die Taufpraxis zur Zeit des NT aussagen. Es gibt Taufberichte, wo eindeutig von der Taufe Erwachsener die Rede ist (z.B. Apg 8,12.36; 9,19). Es gibt aber auch Stellen, die in jedem Falle nicht ausschließen, dass auch Kinder mitgetauft wurden (Apg 16,15.33; 1.Kor 1,16; vgl. Apg 2,39 nach 2,38). Berücksichtigen muss man auch, dass das NT eine *Missionssituation* widerspiegelt, in der urchristliche Missionare sich mit der christlichen Botschaft vornehmlich an erwachsene Zeitgenossen wandten. Wer sich vom Heidentum zum Glauben an Gott und Christus bekehrte, ließ sich taufen: als Erwachsener. Wie verhielt sich dann aber ein christliches Ehepaar, wenn ihm Kinder geboren wurden? Und wie gingen die Christen der „zweiten", „dritten" und aller weiteren Generationen mit ihren Kindern um? Darüber erfahren wir im NT nichts.

Eine Entscheidung, ob es richtig ist, Säuglinge und Kinder zu taufen, hängt wesentlich davon ab, wie man die Taufe versteht. Ist die Taufe nur eine „Versicherung Gottes", dass dem sich zu ihm bekennenden Menschen die Sünden vergeben sind (so die Baptisten), oder ist die Taufe mehr, nämlich ein der Kirche von Christus aufgetragener Akt, *in dem* Gott Menschen die Sünden vergibt und *durch den* Gott Menschen in seine Gemeinschaft aufnimmt (Luther)? – Bei den Baptisten ist die Taufe abhängig von der Bekehrung, vom Glauben und vom Willen des Menschen, sich taufen zu lassen. Luther setzt dagegen: Es kommt nicht darauf an, ob ein Mensch bei seiner Taufe glaubt, sondern es kommt auf *Gottes Handeln* in der Taufe an. Der Glaube macht nicht die Taufe, sondern empfängt sie. Der *Taufvorgang* ist *einmalig*. Das *Annehmen des Taufgeschehens im Glauben* ist ein *lebenslanger Prozess*. Immer wieder darf ich mich daran erinnern, dass ich zu Gott gehöre, *weil* ich getauft bin. *Martin Luther* hat es besonders in Zeiten von Glaubensanfechtungen als hilfreich empfunden, den Satz „Ich bin getauft" vor sich hinzuschreiben.

Ob nun Kindertaufe oder Erwachsenentaufe: hinzuweisen ist auf eine mit der jeweiligen Taufpraxis verbundene Gefahr. Problematisch bei der alleinigen Anerkennung der Erwachsenentaufe ist, dass der Mensch seine eigene Entscheidung zu sehr betont, während er Gottes Handeln in der Taufe nicht ausreichend wahrnimmt. Die übliche Praxis der Kindertaufe in der Volkskirche verleitet Menschen zu der Annahme, Christsein bedeute, getauft zu sein. Die persönliche Bejahung der Taufe und das eigenverantwortliche Bekenntnis zu Gott werden in ihrer Notwendigkeit nicht hinreichend ernst genommen.

Menschen können in jedem Alter getauft werden. In der evangelischen und katholischen Kirche der Bundesrepublik werden die Kinder – wie schon gesagt – üblicherweise im Säuglingsalter getauft. Diese Praxis geht auf die *Kindersegnung Jesu (Mk 10,13–16)* zurück: „Und sie brachten Kinder zu ihm (Jesus), damit er sie anrühre. Die Jünger aber fuhren sie an. Als es aber Jesus sah, wurde er unwillig und sprach zu ihnen: 'Lasst die Kinder zu mir kommen und wehrt ihnen nicht; denn solchen gehört das Reich Gottes. Wahrlich, ich sage euch: Wer das Reich Gottes nicht empfängt wie ein Kind, der wird nicht hineinkommen.' Und er herzte sie und legte die Hände auf sie und segnete sie." Jesus segnet die kleinen Kinder und spricht ihnen die Zugehörigkeit zum Reich Gottes, also Gottes Gemeinschaft zu. Wenn wir kleine Kinder taufen, dann soll deutlich werden:

■ Auch die ganz kleinen Kinder sollen *vom Anfang ihres Lebens an* zur Kirche, also zur Gemeinschaft der Kinder Gottes dazugehören.

■ Mit der Taufe der Säuglinge zeigt Gott uns, dass er sich um uns Menschen kümmert, bevor wir uns um ihn kümmern. Dass er uns liebt, bevor wir ihn lieben können. Dass er Ja zu uns sagt, bevor wir Ja zu ihm sagen. Das bedeutet: *Gott tut den ersten Schritt auf uns Menschen zu.* „Darin besteht die Liebe: nicht dass wir Gott geliebt haben, sondern dass er uns geliebt hat und gesandt seinen Sohn zur Versöhnung für unsre Sünden ... Lasst uns lieben, denn er hat uns zuerst geliebt" (1.Joh 4,10.19).

Konsequenzen der Kindertaufe: die christliche Erziehung und die Konfirmation. Jesus sagt: „Macht zu Jüngern alle Völker: Tauft sie ... und lehrt sie halten alles, was ich euch befohlen habe" (Mt 28,19–20). Wenn kleine Kinder im Säuglingsalter getauft werden, dann müssen sie erfahren, dass sie zu Gott und zur Kirche gehören. Die Eltern versprechen darum bei der Kindertaufe, dass sie ihre Kinder *christlich erziehen* werden. Sie können ihre Kinder das *Beten* lehren. Sie können ihnen *von der Liebe Gottes und von Jesus erzählen.* Sie können die Kinder am *Kindergottesdienst* und später am *Konfirmandenunterricht* teilnehmen lassen. Sie sind besonders dann gute Vorbilder für ihre Kinder, wenn sie sich selber zur Kirche, also zur Gemeinschaft der Christen halten und liebevoll und christlich leben. Für Konfirmand(inn)en ist es eine große Hilfe, wenn ihre Eltern sie im Konfirmandenalter in den Gottesdienst begleiten und mit ihnen über das Erlebte sprechen. Mit solchem Verhalten bezeugen sie ihren Kindern, dass auch ihnen der Glaube an Gott und die Gemeinschaft der Christen wichtig ist.

Gott sagt in der Taufe dem Täufling seine Liebe zu. Dieses Handeln Gottes erfordert eine Antwort: das *Ja des Getauften zu Gott* (⇨). Der *Konfirmandenunterricht* soll die getauften Kinder – und auch die ungetauften – in den christlichen Glauben einführen. Am Ende des Konfirmandenunterrichts steht der *Konfirmationsgottesdienst.* Da werden die Konfirmand(inn)en gefragt, ob sie sich zu Gott bekennen, ob sie Ja zu ihm sagen und ob sie ihr Leben  mit und nicht ohne Gott in der Gemeinschaft anderer Christen verbringen wollen. In der Taufe hat Gott zu ihnen Ja gesagt und sie in die Gemeinschaft der Kirche aufgenommen. Nachdem sie durch den Konfirmandenunterricht in den christlichen Glauben eingeführt worden sind, *bekennen sie sich im Konfirmationsgottesdienst in eigener Verantwortung zu ihrer Taufe und sagen Ja zu Gott und zum christlichen Glauben.*

Die Problematik der Konfirmation: Im Konfirmationsgottesdienst versprechen die Konfirmand(inn)en, ihr Leben mit und nicht ohne Gott zu verbringen, und zwar in der Gemeinschaft der christlichen Gemeinde. Nun ist es eine Tatsache, dass für viele Konfirmand(inn)en der Konfirmationsgottesdienst nicht der Anfang eines bewussteren Lebens mit Gott ist, sondern dass sich sehr viele nach ihrer Konfirmation von ihrer Gemeinde abwenden, den Gottesdienst meiden und den Dienst der Kirche erst wieder etwa bei ihrer Trauung in Anspruch nehmen. Wie passt dieses Verhalten zu dem im Konfirmationsgottesdienst abgelegten Bekenntnis, ein Leben mit Gott innerhalb der Gemeinde führen zu wollen? Heucheln die Konfirmand(inn)en im Konfirmationsgottesdienst, um in den Genuss der Konfirmationsfeier und der vielen Konfirmationsgeschenke zu kommen?

Es scheint so zu sein, dass die meisten Konfirmand(inn)en am Konfirmationstag ihr Bekenntnis mit ehrlichem Herzen sprechen. Doch nach der Konfirmation treten sie in eine kirchliche Umwelt ein, die ihnen die Erfüllung ihres Konfirmationsversprechens schwer macht. Über den christlichen Glauben wird in vielen Familien nie oder kaum gesprochen. Am gottesdienstlichen oder sonstigen Leben ihrer Gemeinde nehmen die meisten Eltern von Konfirmand(inn)en oder Konfirmierten nicht teil. Das bedeutet ganz praktisch: Konfirmierte haben keine guten Vorbilder und wenig oder keine Unterstützung von zu Hause, gemäß ihrem Konfirmationsbekenntnis zu leben. Es kann ihnen sogar passieren, dass sie von ihren Eltern oder Geschwistern lächerlich gemacht werden, wenn sie nach der Konfirmation zum Gottesdienst gehen oder sich in der Jugendarbeit ihrer Gemeinde engagieren möchten: „Was – Du rennst wieder zur Kirche? Du hast es wohl nötig!" Die große Distanz vieler Kirchenmitglieder ihrer Gemeinde gegenüber (s. IV Nr.2c S. 109–113) ist das *eigentliche Problem*, das die gegenwärtige Konfirmationspraxis in Frage stellt und den Konfirmierten die Erfüllung ihres Konfirmationsversprechens erschwert.

Jesus sagt: „Der (Heilige) Geist ist's, der lebendig macht ... Die Worte, die ich zu euch geredet habe, die sind Geist und sind Leben" (Joh 6,63). In der Hoffnung auf Gottes Geist, der die Kirche mit *neuem Leben* erfüllen kann, haben die in der Kirche Verantwortlichen nach Wegen zu suchen, wie der schleichenden „Entkirchlichung" *sachgemäß* begegnet werden kann, wie man wieder mehr Menschen an das *„Gespräch des Glaubens"* („Gott spricht mit mir" / „Ich spreche mit Gott") heranführt. Wenn es in unserem Land wieder *selbstverständlicher* wird, sich zu Gott und seiner Kirche zu bekennen, dann werden auch mehr Konfirmierte Hilfe und Unterstützung haben, so zu leben, wie sie es bei ihrer Konfirmation versprochen haben: *mit Gott.*

FRAGEN ZUM NACHDENKEN:

① Mk 16,16: „Wer da glaubt und getauft wird, der wird selig (= gerettet) werden." – Die Gegner der Kindertaufe führen dieses Bibelwort als Beweis gegen die Kindertaufe an. Sie machen aus dem *geschriebenen* Nacheinander („wer da glaubt und getauft wird") ein *zeitliches* Nacheinander (wer zuerst glaubt und dann getauft wird). – Die Befürworter der Kindertaufe verstehen dieses Bibelwort ganz anders: Gerettet werden Menschen durch Gottes Handeln. Einmal dadurch, dass Gott in uns Menschen den Glauben schafft und so eine Brücke zwischen sich und uns herstellt. Zum anderen dadurch, dass Gott uns durch die Taufe in seine Gemeinschaft hineinnimmt. Es geht hier also nicht um ein zeitliches Nacheinander, sondern Gottes Heilshandeln an uns Menschen wird mit den beiden Stichworten „Glaube" und „Taufe" näher beschrieben. – Welche der beiden Deutungsweisen leuchten uns mehr ein?

② Die Praxis der Kindertaufe in der evangelischen Kirche wird dadurch in Frage gestellt, dass alle Eltern bei der Taufe wohl das Versprechen abgeben, ihre Kinder christlich zu erziehen, dass aber viele diesem Versprechen nicht nachkommen. Sie beten nicht mit ihren Kindern. Glaubensfragen werden im familiären Gespräch ausgeklammert. Die Kinder werden nicht dazu ermuntert, den Kindergottesdienst zu besuchen, und als Konfirmand(inn)en lassen die meisten Eltern ihre Kinder mit dem Kirchgang allein (usw.).
– Kann sich die Kirche solche Verhältnisse auf Dauer leisten?
– Was muss geschehen, damit sich die Verhältnisse zum Positiven ändern?

③ Nach der Bibel ist die *Taufe* der entscheidende Akt Gottes, durch den er einen Menschen in seine Gemeinschaft hineinnimmt. Wenn man das kirchliche Leben kritisch beobachtet, dann gewinnt man den Eindruck, dass die *Konfirmation* für wichtiger angesehen wird als die Taufe: Die Konfirmation wird sehr viel festlicher begangen als die Taufe; nicht die Goldene Taufe, sondern die Goldene Konfirmation wird in vielen Gemeinden gefeiert. – Sehen wir Möglichkeiten, wie die Taufe in der Kirche wieder mehr Bedeutung erlangen kann?

WEITERE WICHTIGE BIBELSTELLEN ZUM THEMA:

• Taufe = Tod des „alten Menschen" und Auferweckung zu neuem Leben: 1.Kor 1,13; Kol 2,12; 1.Petr 3,21.
• Taufe = Reinigung von der Sünde: 1.Kor 6,11; Tit 3,5; 1.Petr 3,21.

c) Jesus ruft Sünder an seinen Tisch: das Abendmahl

Die Einsetzung des Abendmahls: Immer wenn wir im Gottesdienst das Abendmahl feiern, wird an die Einsetzung des Abendmahls durch Jesus (s. III Nr.7a S.83–84) erinnert, indem die *„Einsetzungsworte"* verlesen werden. Sie halten fest, was die Evangelisten Matthäus, Markus und Lukas sowie der Apostel Paulus vom letzten Mahl Jesu berichten: „Unser Herr Jesus Christus, in der Nacht, als er verraten ward, nahm er das Brot, dankte und brach's und gab's seinen Jüngern und sprach: 'Nehmet hin und esset: *Das ist mein Leib, der für euch gegeben wird;* solches tut zu meinem Gedächtnis.' Desgleichen nahm er auch den Kelch nach dem Abendmahl, dankte und gab ihnen den und sprach: 'Nehmet hin und trinket alle daraus: *Dieser Kelch ist das Neue Testament in meinem Blut, das für euch vergossen wird zur Vergebung der Sünden;* solches tut, sooft ihr's trinket, zu meinem Gedächtnis.'" – Beim Abendmahl „verspeisen" wir nicht Jesus selbst, sondern nach dem Einsetzungsbericht ist der *Sinn der Abendmahlsfeier* folgender:

Das Abendmahl ist ein Erinnerungsmahl: Innerhalb der Einsetzungsworte heben sich die *„Deuteworte"* heraus. Sie machen besonders *deut*lich, dass wir uns beim Abendmahl des *Todes Jesu für uns* erinnern sollen, der die Grundlage des „Neuen Testaments" (= des „neuen Bundes") ist (s. I Nr.3c S.22–23). Wir essen *Brot* und trinken *Wein* zum Gedächtnis an Jesu Hingabe für uns Menschen am Kreuz. Im Folgenden sind die Deuteworte zum besseren Verständnis in einer etwas umschreibenden Weise wiedergegeben:

„Nehmt dieses Brot und esst es. So wie ich dieses Brot breche und euch gebe, so wird auch mein Leib gebrochen und für euch dahingegeben werden. Esst gebrochenes Brot immer wieder zu meinem Gedächtnis." – „Nehmt diesen Kelch mit Wein und trinkt alle daraus. Den roten Wein dieses Kelches sollt ihr empfangen als mein Blut, das für euch vergossen wird zur Vergebung eurer Sünden. Trinkt von diesem Wein immer wieder zu meinem Gedächtnis."

Das Abendmahl ist ein Ort der Begegnung mit dem auferstandenen Christus: Wenn wir in der Kirche das Abendmahl feiern, lädt der Pfarrer oder die Pastorin dazu ein, das Abendmahl zu empfangen.

Pfarrer(in) – und häufig auch Helfer – teilen dann das Abendmahl aus. Doch der eigentliche Gastgeber beim Abendmahl ist *der auferstandene Christus*: „Wo zwei oder drei versammelt sind in meinem Namen, da bin ich mitten unter ihnen" (Mt 18,20). Im Verborgenen ist Christus uns in jedem Gottesdienst nahe; seine Nähe erfahren wir besonders, wenn er uns zum Abendmahl an seinen Tisch lädt, um unseren Glauben mit Brot und Wein zu stärken. Brot und Wein – Christi Leib und Christi Blut – sollen uns als *sichtbare Hinweise auf die verborgene Gegenwart Christi* dienen. Der auferstandene und zu Gott erhöhte Christus (s. III Nr.11a S.96–97) schenkt uns in Brot und Wein seine Tischgemeinschaft, wie er in seinen Erdentagen mit Zöllnern, Sündern und seinen Jüngern Mahlgemeinschaft hielt (z.B. Mt 9,9–13; s. III Nr.5a S.74–75). Auch heute lädt er gerade *uns Sünder* an seinen Tisch. Wir sind ihm willkommen, so wie wir sind: mit unseren Fehlern, mit unserer mangelhaften Nächstenliebe, mit unserer Nichtachtung Gottes. Für diese unsere Sünden ist Christus ja gestorben. Sie sollen uns darum nicht mehr von Gott trennen. Er vergibt sie uns. Zum Zeichen dessen lädt Christus uns gerade beim Abendmahl in seine Tischgemeinschaft, damit er uns nahe sein kann – und wir ihm.

Das Abendmahl ist ein Gemeinschaftsmahl der Glaubenden: Ob schwarz oder weiß, begabt oder unbegabt, alt oder jung, arm oder reich, vorbestraft oder „ordentlich" – alle sind zum Abendmahl eingeladen. Denn allen vergibt Christus ihre Sünden, alle will er um sich sammeln. So ist das Abendmahl ein *Gemeinschaftsmahl*, bei dem alle Christen – wie unterschiedlich sie auch sein mögen – um den Tisch  des Herrn zusammenkommen: Sie essen *dasselbe Brot* – sie trinken aus *demselben Kelch* – sie sind *geeint im Glauben an Christus, ihren Herrn*. Das Abendmahl kann uns in besonderer Weise veranschaulichen, dass wir als Christen *zusammengehören*, auch wenn jeder nach dem Abendmahl wieder seine eigenen Wege geht: „Denn *ein* Brot ist's: So sind wir viele *ein* Leib (= *eine* Christusgemeinschaft), weil wir alle an *einem* Brot teilhaben" (1.Kor 10,17).

Unterschiedliche Formen des Abendmahls:

■ Als Jesus das Abendmahl einsetzte, tat er das im Zusammenhang des Passamahls (Mt 26,17–20.26–30). Entsprechend wird das Abendmahl auf kirchlichen Freizeiten oder bei besonderen Anlässen (z.B. beim „Kirchentag") als „*Feierabendmahl"* gefeiert, verbunden mit einem richtigen Essen.

■ Im normalen Gottesdienst kommen die Menschen gewöhnlich zum Altar, um das Abendmahl zu empfangen. Brot und Wein werden ihnen mit den Worten ausgeteilt: „Christi Leib, für dich gegeben" – „Christi Blut, für dich vergossen".

■ In ganz großen Gottesdiensten können Brot und Wein auch durch die Bankreihen gegeben werden. Man reicht dann das Brot und danach den Wein an seine(n) Nachbar(i)n weiter, indem man dazu die Worte spricht: „Christi Leib, für dich gegeben" – „Christi Blut, für dich vergossen".

■ Nicht jeder Christ kann selber zum Gottesdienst kommen, möchte aber dennoch gerne das Abendmahl empfangen. So kann auf Wunsch der Pastor oder die Pfarrerin auch in die Häuser (oder ins Krankenhaus) kommen und alten oder kranken Menschen das Abendmahl reichen.

Taufe und Abendmahl: die Sakramente unserer Kirche. Taufe und Abendmahl sind „*Sakramente".* Das Wort „Sakrament" kommt vom lateinischen „sacer", das auf deutsch „heilig" heißt. „Sakramente" sind also „*heilige Handlungen".* Sie lassen uns die Gnade und Liebe Gottes *spürbar* erfahren: Bei der Taufe wird Wasser auf den Kopf des Täuflings geträufelt; beim Abendmahl essen wir Brot und trinken Wein. Auf diese Weise nehmen wir *mit unseren Sinnen* wahr, dass wir zu Gott gehören. In der Taufe nimmt Gott uns in die Gemeinschaft der Kirche auf, und im Abendmahl soll uns seine Gemeinschaft immer wieder „mit Herzen, Mund und Händen" erfahrbar werden: „Schmecket und sehet, wie freundlich der Herr ist. Wohl dem, der auf ihn trauet!" (Ps 34,9). Die Taufe kann *nur einmal* vollzogen werden, während wir das Abendmahl *immer wieder* feiern. Jesus selber hat die Sakramente Taufe und Abendmahl eingesetzt.

EINE FRAGE ZUM NACHDENKEN:

1.Kor 11,25 sagt der Apostel Paulus: „Denn sooft ihr von diesem Brot esst und aus dem Kelch trinkt, verkündigt ihr den Tod des Herrn, bis er kommt."
– Wie ist diese Aussage zu verstehen?

124

WEITERE WICHTIGE BIBELSTELLEN ZUM THEMA:

- Jesus ruft Sünder an seinen Tisch: Lk 15,2.21–24; 19,7.
- Die Abendmahlsberichte im NT: Mt 26,17–30; Mk 14,12–26; Lk 22,7–20; vgl. Joh 6,35.53–58; 1.Kor 11,23–26.
- Der auferstandene Christus begegnet uns im Abendmahl: Lk 24,28–35; Joh 6,56; 21,12–14; Apg 10,40–41; Offb 3,20.
- Das Abendmahl ist ein Gemeinschaftsmahl der Glaubenden: Apg 2,42. 46; 20,7; 1.Kor 10,16–17; vgl. 11,18–21.27.

d) Ich bekenne meine Sünden und lasse mir Gottes Vergebung zusprechen: die Beichte

Was bedeutet „Beichte"? Das Wort „beichten" stammt aus dem Althochdeutschen und be-

b	e	i	c	h	t	e	n
b	e	j	a	h		e	n

deutet „bejahen", „zu etwas stehen", „bekennen". Beichten heißt also: Ich verleugne meine Sünde und Schuld nicht. Ich stehe dazu. Ich bejahe, dass ich ein Sünder bin. Ich bereue meine Schuld, bekenne sie vor Gott und vertraue darauf, dass Gott mir meine Sünde vergibt.

Das Gleichnis vom Pharisäer und Zöllner (Lk 18,9–14): Das Schuldbewusstsein ist bei uns Menschen recht unterschiedlich entwickelt. In dem *Gleichnis vom Pharisäer und Zöllner* stellt Jesus zwei grundverschiedene Menschen einander gegenüber.

Der *Pharisäer* ist ein Mann, der sich darum bemüht, mit aller Kraft ein Gott wohlgefälliges Leben zu führen. Er ist total von *sich* und *seiner Güte* überzeugt. Er klopft sich auf die eigene Schulter und sagt in seinem Gebet eigentlich nichts anderes, als dass er mit seinen religiösen Leistungen sehr zufrieden ist (Lk 18,11–12) und dass darum auch Gott mit ihm zufrieden sein kann. Er hat das Gefühl dafür verloren, dass er ein Sünder ist, der Gottes Gnade und Vergebung braucht. Er merkt gar nicht, wie lieblos er sich zum Beispiel gegenüber dem Zöllner verhält, den er mit den Worten seines Gebets seine tiefe Verachtung spüren lässt: „Ich danke dir, Gott, dass ich nicht bin wie ... dieser Zöllner" (Lk 18,11).

Anders der *Zolleinnehmer.* Er ist vor Gott ehrlich. Er weiß, dass er sich zu wenig um Gott kümmert. Er weiß auch, dass er sich seinen Nächsten gegenüber unmöglich verhalten hat: Er übt mit Hilfe der römischen Besatzungsmacht Druck auf seine Landsleute aus, um an ihr Geld heranzukommen. Der Zöllner weiß: Ich bin ein Sünder. Aber das hindert ihn nicht daran, in den Tempel zu gehen und Gott zu bitten: „Gott, sei mir Sünder gnädig!" (Lk 18, 13). Er vertraut also auf *Gottes Barmherzigkeit*, sonst wäre er gar nicht in den Tempel gekommen (vgl. zum Ganzen auch III Nr. 5a S. 74–75).

Jesus sagt nun: Gott hat das Beichtgebet des Zöllners angenommen, weil er ehrlich vor Gott war und sich zu seiner Sünde bekannte; er vertraute auf Gottes vergebende Barmherzigkeit. Das Gebet des selbstzufriedenen Pharisäers aber hat Gott verworfen, weil er sich etwas vormachte. Er vertraute auf seine, nicht auf Gottes Güte (Lk 18,14).

Wir Menschen sind Sünder, die Schuld auf sich laden: ① *Wir werden schuldig:* In Mt 22,35–40 lesen wir, dass einmal ein Schriftgelehrter (= Bibelausleger) zu Jesus kam. Er „fragte ihn: 'Lehrer, welches ist das wichtigste Gebot des (alttestamentlichen) Gesetzes?' Jesus antwortete: 'Liebe den Herrn, deinen Gott, von ganzem Herzen, mit ganzem Willen und mit deinem ganzen Verstand!' Dies ist das größte und wichtigste Gebot. Aber gleich wichtig ist ein zweites: 'Liebe deinen Nächsten wie dich selbst!' In diesen beiden Geboten ist alles zusammengefasst, was das Gesetz (des Mose) und die (Lehren der) Propheten über Gottes Willen aussagen" (in Anlehnung an die Übersetzung „Gute Nachricht Bibel").

Gott von ganzem Herzen lieben und den Nächsten wie sich selbst – wer von uns tut das wirklich? Schauen wir in den Spiegel (den *„Beichtspiegel"*, auf dem die *10 Gebote* geschrieben stehen), um zu sehen, wer wir sind: Ist Gott die „Nummer 1" in unserem Leben? Empfinden wir es wenigstens als ein Problem, dass wir für Gott (mitunter) wenig Interesse haben? Lieben wir unseren Nächsten wie uns selbst? Verhalten wir uns nicht häufig so, wie wir meinen, dass es unserem Vorteil dient? Reden wir böse über andere, insbesondere wenn sie nicht dabei sind, oder ärgern wir andere, verletzen sie mit Worten, wenn wir stärker sind? Wie ehrlich sind wir? Können wir zugeben, dass wir nicht selten gegen das Gebot der Liebe zu Gott und gegen das Gebot der Nächstenliebe verstoßen, so wie es der Zöllner zugab? Oder sind wir blind gegenüber der eigenen Schuld wie der Pharisäer?

② *Wir erkennen unsere Schuld – geben wir sie zu oder verdrängen wir sie?* Herr Neumann hat seinen Sohn, den Konfirmanden Matthias, in den Gottesdienst begleitet. Die Pastorin predigte über das *Gleichnis vom Pharisäer und Zöllner*. Zu Hause hat Herr Neumann weiter über dieses Gleichnis und seine Bedeutung nachdenken müssen und sich gewissermaßen *„einen Spiegel vorgehalten"*. Er hat sich gefragt, ob denn *sein* Denken und Verhalten Gottes Willen entspricht. Bislang hat er als „unbescholtener Bürger" gelebt. Nachbarn, Arbeitskollegen und die Mitglieder seiner Partei, in der er aktiv mitarbeitet, schätzen ihn sehr. Doch Herr Neumann war ehrlich und fragte sich, wie es in seinem „Inneren" aussieht. Er musste zugeben, dass Gott ihm ziemlich unwichtig war. Er gehörte zwar zur Kirche, aber um seinen Glauben hatte er sich bislang wenig gekümmert. Spontan musste er an zwei Situationen denken, die seine menschliche Schwäche offenbar machten: Es war noch gar nicht lange her, da hatte er sich mit seinem Sohn wegen einer Kleinigkeit, die ihm nicht passte, gestritten. Hinterher tat ihm das leid, aber das hatte er seinem Sohn nicht gesagt. Ferner fiel ihm eine peinliche Situation der vergangenen Woche ein: Eigentlich hätte er am letzten Mittwoch seinem Freund nach der Arbeit beim Hausbau helfen sollen. Er hatte es ihm versprochen. Aber an diesem Tag hatte er keine Lust und sagte telefonisch ab: Er müsse Überstunden machen. An dem Abend ging er mit seiner Frau ins Kino. Er hatte allerdings nicht damit gerechnet, dass die Frau seines Freundes an diesem Abend denselben Film sehen wollte. Als sie ihn an der Kasse die Kinokarten kaufen sah, ging sie ganz überrascht auf ihn zu und sagte: „Ich dachte, Du müsstest Überstunden machen ..." Herr Neumann wurde verlegen und versuchte, sich damit herauszureden, dass die Zahl der Überstunden geringer war als er ursprünglich angenommen hatte, so dass er noch ins Kino gehen konnte. Seine Frau, die es besser wusste, schaute betreten zu Boden und schwieg. Tags darauf entschuldigte sich Herr Neumann bei seinem Freund.

Herr Neumann erkennt sein mangelndes Interesse an Gott und sein Versagen in den eben geschilderten Situationen. Doch viele Menschen haben Schwierigkeiten, ihre Schuld einzusehen und zu ihr zu stehen. Denn unvergebene Schuld *belastet und quält* (Ps 32,1–4). Darum versuchen viele, Sünde und Schuld zu *verharmlosen*:

- ◆ „Was ist so schlimm an meinem Fehlverhalten? Jedermann tut das doch!"
- ◆ „Gewiss habe ich meine Fehler. Aber verglichen mit dem, was andere so tun, brauche ich mir keine Vorwürfe zu machen."
- ◆ „Bloß nicht daran denken! Lieber fernsehen, Alkohol trinken, in die Disko gehen, stramm arbeiten, dann vergisst man, was einen belastet!"
- ◆ „Ein paar besonders gute Taten gleichen die Fehler schon wieder aus."

◆ „Was kann ich dafür, wenn meine Eltern sich nicht genug um mich gekümmert haben?"

◆ „Meine Freundin ist schuld. Sie hat gesagt, dass ich es machen sollte. Ich kann also nichts dafür."

Von Jesus hören wir immer wieder, dass Gott uns Sünder nicht von sich weist, sondern uns unsere Schuld vergibt (s. III Nr.4b S.70–73). Darum dürfen wir ehrlich sein und können zu unserer Schuld stehen. Gott kennt uns ohnehin, und zwar besser als wir selber uns kennen: „Ein Mensch sieht, was vor Augen ist; der Herr aber sieht das Herz an" (1.Sam 16,7). Wer davon ausgeht, dass Gott auch die dunklen Seiten unseres Lebens sieht, braucht deshalb trotzdem keine Angst zu haben. Denn Gott liebt uns so, wie wir sind. Er vergibt uns unsere Schuld. Er schenkt uns immer wieder einen *neuen Anfang*. So wie Jesus zur Ehebrecherin sagt: „Ich verdamme dich nicht. Geh hin und sündige hinfort nicht mehr" (Joh 8,11).

Wir bekennen unsere Sünde und Schuld und nehmen Gottes Vergebung an: ① *Das persönliche Beichtgebet:* Kommen wir auf Herrn Neumann zurück. Er ist darüber betroffen, dass es ihm an Liebe zu Gott fehlt, und dass er im zwischenmenschlichen Bereich öfter versagt. Er gibt das zu. Wie wird er mit seiner Schuld fertig? Seinem Freund gegenüber hat er sich entschuldigt, seinem Sohn gegenüber nicht. Und wie ist es mit seiner Beziehung zu Gott? Vielleicht *wendet er sich ganz allein im Gebet an Gott,* etwa mit diesen Worten: „Lieber Gott, ich bin unzufrieden mit mir selber. Ich sollte als Christ leben, aber ich schaffe das nicht. Ich habe keine Lust, sonntags früh aufzustehen und in den Gottesdienst zu gehen. Ich denke oft überhaupt nicht an dich. Ich denke fast immer nur an mich. Gegenüber meinem Sohn war ich kürzlich sehr ungerecht. Und die Beziehung zu meinem Freund habe ich belastet, weil ich ihn hintergangen habe. Hilf mir doch, es besser zu machen. Schenke mir Freude an deiner Gemeinschaft und lass mich so leben, dass ich den Mut habe, zu mir zu stehen, dass ich bereit werde, Fehler zuzugeben und meinen Mitmenschen Freude zu machen. Amen."

② *Die Einzelbeichte:* Es gibt Situationen, wo mich eine bestimmte Schuld so drückt, dass ich damit allein nicht fertig werde. Ich kann dann einen Menschen meines Vertrauens zu Rate ziehen und mit ihm über mein Schuldproblem sprechen. Dieser Mensch darf natürlich nichts weitererzählen von dem, was ich ihm sage. Denken wir wieder an Herrn Neumann. Schon ein solches *persönliches Gespräch* kann ihm helfen, mit seinen Problemen besser zurechtzukommen. Vielleicht gibt ihm das Gespräch Anregungen, wie er in Zukunft manches besser machen könnte. Vielleicht wird er nach diesem Gespräch auch so beten wie oben aufgeschrieben.

Viele Menschen laden viel größere Schuld auf sich als Herr Neumann. Wenn jemand sehr unter seiner Schuld leidet, kann er/sie auch eine *„Einzelbeichte"* ablegen. Hierzu bedarf es eines Vertrauensverhältnisses zwischen dem Menschen, der beichtet und dem *„Beichtiger"* („Beichtiger" ist das eher selten benutzte Fachwort für Christen, bei denen man beichtet). Wer beichtet, kann über sein/ihr Versagen und seine/ihre Schuld mit dem Beichtiger offen sprechen, beten und von ihm (oder ihr) den Zuspruch der Vergebung empfangen. Das wird ihn/sie erleichtern und zugleich ermutigen, einen Neuanfang im Leben mit Gott und den Mitmenschen zu wagen.

Grundsätzlich kann jeder Christ eine Beichte abnehmen (Mt 18,18; Joh 20, 22–23). Die meisten Mitglieder unserer Kirche wenden sich an eine(n) Pfarrer(in) ihrer Wahl. Pfarrer(innen) haben sich bei der Übernahme ihres Amtes ausdrücklich dazu verpflichtet, über alles, was ihnen in der Seelsorge anvertraut wird, gegen jedermann zu schweigen. Staatliche Gesetze befreien sie von der Verpflichtung, vor Gericht Zeugenaussagen über das in einer Beichte Gehörte zu machen. Diese Verschwiegenheitspflicht nennt man das *„Beichtgeheimnis"*. Auch *kirchliche Beratungsstellen* oder die *Telefonseelsorge* wahren das Beichtgeheimnis.

Eine Einzelbeichte besteht gewöhnlich aus drei Teilen: Das *persönliche Gespräch* über das, was den Beichtenden belastet, führt hin zu einem *Gebet*, in dem der Beichtende in Gegenwart des Beichtigers vor Gott seine Schuld bekennt und bereut. Die Beichte endet damit, dass der Beichtiger dem Beichtenden die Vergebung seiner Schuld im Namen Gottes zuspricht. Zu einem solchen Zuspruch hat der auferstandene Christus seine Jünger bevollmächtigt: „Welchen ihr die Sünden erlasst, denen sind sie erlassen" (Joh 20,23a). Alles kommt darauf an, dass der Beichtende fest an Gottes Vergebung glaubt, die der Beichtiger ihm zusagt.

③ *Die allgemeine Beichte:* Die dritte Form der Beichte ist die *„allgemeine Beichte"*. Am Anfang des Gottesdienstes, in Verbindung mit dem Abendmahl oder in einem besonderen Beichtgottesdienst kann eine allgemeine Beichte gehalten werden. Auch diese Form der Beichte dient dazu, dass wir uns unserer Schuld bewusst werden, Gott um Vergebung bitten und uns durch den Pfarrer oder die Pastorin Gottes Vergebung zusprechen lassen. Die Formulierungen eines *Beichtgebets* in der *allgemeinen* Beichte sind so *„allgemein"*, dass *alle* Gottesdienstbesucher innerlich mitbeten können. Jede(r) wird bei den einzelnen Aussagen des Gebets an etwas anderes denken, das ihn oder sie *ganz persönlich* betrifft. Wenn Herr Neumann einen Gottesdienst mit einer allgemeinen Beichte besucht, wird er im *Beichtgebet* Formulierungen finden, die seine Probleme aussprechen: „Herr, unser Gott, nach deinem Gebot sollen wir dich über alle Dinge fürchten, lieben und dir allein vertrauen. Aber das sind wir dir immer wieder schuldig geblieben. Wir hatten oft wenig Interesse für dich und haben so gelebt, als wenn es dich nicht gäbe. Wir haben vergessen, dir für deine Gaben und Hilfen zu danken... – Herr, unser Gott, du hast uns durch Christus geboten, unseren Nächsten zu lieben wie uns selbst. Oft haben wir es daran fehlen lassen, weil wir zu sehr mit uns selbst beschäftigt waren. Wir haben unseren Nächsten vergessen, übersehen und nicht auf ihn gehört. Wir sind ihm nicht gerecht geworden ...“ So wird er das Beichtgebet und die Bitte „Gott, sei mir Sünder gnädig!“ von Herzen mitbeten können und den Zuspruch der Sündenvergebung nach diesem Schuldbekenntnis dankbar annehmen.

EINE FRAGE ZUM NACHDENKEN:

Schuld und Versagen, Schwächen und Fehler zuzugeben fällt uns Menschen ausgesprochen schwer (vgl. 1.Mose 3,12–13; Ps 32,3–4). Warum ist das so?

WEITERE WICHTIGE BIBELSTELLEN ZUM THEMA:

- Gott vergibt uns unsere Schuld: s. die Stellenangaben am Ende von III Nr. 4 S.73.
- Weil wir auf Gottes Vergebung vertrauen, können wir zu unserer Schuld stehen: Neh 9,1–3.31; Ps 32,1–11; 103,8–13.3–5; Spr 28,13; 1.Joh 1,9.

4. „Auferstehung der Toten und das ewige Leben"

a) Die Auferstehung der Toten

Am Ende jeden Lebens steht der Tod: Es gibt ein hartes Sprichwort: „Nichts im Leben ist sicherer als der Tod." Die folgende Geschichte[4] schildert uns die Unentrinnbarkeit vor dem Tod sehr eindrücklich:

„Es geschah an einem Tage, als sich der Sultan gerade in seinem Palast aufhielt. Da eilte ein junger Mann – der älteste Sohn des Sultans – zu seinem Vater und rief außer Atem: 'Bitte, Vater, leihe mir dein schnellstes Pferd!

Ich muss so schnell wie möglich nach Bagdad fliehen.' Der Sultan fragte besorgt: 'Was bringt dich denn so aus der Fassung, mein Sohn?' Da antwortete der junge Mann ganz aufgeregt: 'Ich bin eben durch den Palastgarten geschlendert. Da sah ich unter der dicken Palme den Tod stehen. Er erhob seine Hand, als ob er nach mir greifen wollte. Ich muss dringend weg von hier, um ihm zu entfliehen!' Der Sultan rief einen seiner Diener herbei und ordnete an, dass sein schnellstes Pferd sofort gesattelt und seinem Sohn zur Verfügung gestellt würde. Dann begab er sich in den Palastgarten. Er fand den Tod noch unter der dicken Palme stehen, wie es der Sohn beschrieben hatte. Der Sultan ergrimmte und fuhr den Tod an: 'Was fällt dir ein, deine knöchernen Hände nach meinem Sohn auszustrecken und ihm Todesangst einzujagen?' 'Sultan', erwiderte der Tod mit ruhiger Stimme, 'was erregt ihr euch? Ich habe euren Sohn nicht erschrecken wollen. Ich habe nur voller Erstaunen meine Arme hochgehoben, weil ich euren Sohn nicht in diesem Palast vermutete. Bin ich doch heute abend mit ihm in Bagdad verabredet!'"

Menschen verdrängen die Tatsache, dass sie sterben müssen: Vielleicht ist uns schon aufgefallen, dass im öffentlichen Leben, im Betrieb, in unseren Familien oder auch in unserem Freundeskreis fast nie über die Themen „Tod" und „Sterben" gesprochen wird. Nur wenn ein uns nahestehender Angehöriger oder ein Freund stirbt, setzen wir uns mit dem Thema „Tod" auseinander. Vielleicht auch dann, wenn jemand aus unserem Bekanntenkreis einen schweren Unfall erleidet. Oder der Arzt teilt uns mit, dass wir selber todkrank sind oder dass ein naher Verwandter sterben muss. Dann denken wir an den Tod. Sonst eher selten oder nie. Das „Totschweigen" des Themas „Tod" nennt man auch „Verdrängung". Viele Menschen verdrängen den Gedanken an den Tod, weil er ihnen Angst macht. Niemand stirbt ja gerne. Und was ist nach dem Tode?

Christen können dem Gedanken an Sterben und Tod standhalten, weil sie eine lebendige Hoffnung haben: Christen haben es nicht nötig, den Gedanken an den Tod – auch den Gedanken an ihr eigenes Sterben – zu verdrängen. Denn Christen glauben an Gott. Sie *erfahren Gottes Gemeinschaft in ihrem Leben.* Sie hören auf Gottes Wort, das ihnen Halt und Kraft für ihr Leben gibt. Und sie erfahren Gottes Nähe im Gebet. So haben wir Christen Kontakt mit dem *lebendigen Gott,* dessen Macht unbegrenzt ist. Wir vertrauen darauf, dass Gottes Macht da nicht aufhört, wo der Tod beginnt. Gott ist mächtiger als der Tod, nicht umgekehrt. Er „macht die Toten lebendig und ruft das, was nicht ist, dass es sei" (Röm 4,17).

Gott hat seine todesüberwindende Macht dadurch erwiesen, dass er Christus von den Toten auferweckte. Er hat seiner Menschheit und uns Christen damit ein *Zeichen der Hoffnung* geschenkt: So wie Gott Christus von den Toten auferweckt hat, so wird er auch *uns zu neuem Leben in seiner ewigen Gemeinschaft auferwecken* (1.Petr 1,3.21). Der Apostel Paulus schreibt im 1.Korintherbrief: Gott hat Christus von den Toten auferweckt als „Ersten der Entschlafenen" (1.Kor 15,20 [⇨]). Diesem *„Ersten"* werden nach Jesu Versprechen die Menschen nachfolgen, die Christus in diesem irdischen Leben vertrauten: „Ich bin die Auferstehung und das Leben. Wer an mich glaubt, der wird leben, auch wenn er stirbt" (Joh 11,25). Wenn wir darauf vertrauen, brauchen wir vor dem Tod und vor dem, was danach kommt, keine Angst zu haben. Der Tod ist die *Tür zur ewigen Gemeinschaft mit Gott und Christus.*

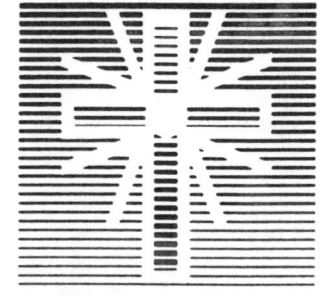

Es kommt darauf an, dass wir alles, was in unseren Kräften steht, dafür tun, den Kontakt zu Gott und Christus aufrecht zu halten (Phil 2, 12–13), dass wir also auf Gottes Wort hören und mit Gott sprechen. Dann werden wir unser Leben in Gottes verborgener Nähe führen. Dann werden wir dem Gedanken an den Tod und unser eigenes Sterben nicht ausweichen, sondern uns damit auseinandersetzen können, weil wir eine *Hoffnung über den Tod hinaus* haben. Im Glauben schenkt Gott uns die Zuversicht, dass seine Liebe zu uns nicht zu Ende ist, wenn wir sterben. Wir vertrauen darauf, dass Gott seine schöpferische Allmacht dazu einsetzen wird, uns in einer neuen Welt die Gemeinschaft mit ihm neu erleben zu lassen.

b) Das ewige Leben

Unser irdisches Leben ist von Krankheit, Leiden und Tod überschattet. Es ist also der Vergänglichkeit unterworfen (s. II Nr.4a S.53). Die

Bibel sagt, dass Gott die Vergänglichkeit überwinden und einmal eine *neue Welt* schaffen will. Die „alte Schöpfung" wird dann einer „neuen Schöpfung" weichen. Gott verspricht: „Siehe, ich mache alles neu!" (Offb 21,5). Die „neue Schöpfung" – wir können dafür auch „Reich Gottes" oder „ewiges Leben" sagen – diese „neue Schöpfung" ist das heilvolle Ziel der Geschichte Gottes mit uns Menschen (s. I Nr.3c S.23–24). Wir werden dann nicht mehr *„glauben"*, sondern wir dürfen *Gott „schauen"* (2.Kor 5,7), „von Angesicht zu Angesicht" (1. Kor 13,12 [⇩]). Wir werden Gottes Gemeinschaft dann *direkt* erfahren. Keine Zweifel werden uns mehr bedrängen. Tod, Leid und Krankheit, Bedrohung des Lebens durch Waffenarsenale oder Gifte aller Art, Hass und Ungerechtigkeit wird es dann nicht mehr geben.

Die *Herrlichkeit* dieses ewigen Lebens bei Gott wird in der Offenbarung des Johannes so *angedeutet*: „Vom Thron her hörte ich eine starke Stimme: 'Jetzt wohnt Gott bei den Menschen! Er wird bei ihnen bleiben, und sie werden seine Völker sein. Gott selbst wird als ihr Gott bei ihnen sein. Er wird alle ihre Tränen abwischen. Es wird keinen Tod mehr geben und keine Traurigkeit, keine Klage und keine Quälerei mehr. Was einmal war, ist für immer vorbei.' Dann sagte der, der auf dem Thron saß: 'Jetzt mache ich alles neu'" (Offb 21,3–5 [Übersetzung „Gute Nachricht Bibel"]).

Wenn wir im *Vaterunser* „Dein Reich komme" beten, dann bitten wir Gott darum, dass er die „alte Schöpfung", in der wir jetzt leben, mit ihrer Vergänglichkeit und ihrem Leid überwindet. Dass er sich allen Menschen offenbart als der *Herr dieser Welt*, so dass wir ihn schauen können (1.Joh 3,2; Offb 22,3–4). Und dass er uns dann hineinnimmt in das ewige Leben in seiner direkten Gemeinschaft in seinem dann vollendeten Reich.

FRAGEN ZUM NACHDENKEN:

① Wir betrachten Todesanzeigen unserer Tageszeitung unter dem Gesichtspunkt: Welche Todesanzeigen legen Zeugnis von der christlichen Hoffnung ab?

② Versetzen wir uns in folgende Situation: Eine Arbeitskollegin (45 Jahre alt) – Ehefrau und Mutter von drei Kindern (11, 13 und 17 Jahre alt) – stirbt an Krebs. Wir nehmen uns vor, den trauernden Angehörigen einen tröstlichen Brief zu schreiben. – Welche Gedanken wird unser Brief enthalten?

③ Menschen, die aus dem Glauben leben, pflegen in der Bibel zu lesen. Dabei entdecken sie einzelne biblische Worte, die ihnen besonders viel sagen („Lieblingssprüche"). Pfarrer(innen) fällt die Vorbereitung einer Beerdigungspredigt leichter, wenn sie über ein biblisches Wort sprechen können, das dem/der Verstorbenen zu Lebzeiten von Bedeutung gewesen ist. – Fällt uns (mir) ein Bibelwort ein, das bei *unserer (meiner)* Beerdigung Grundlage der Predigt sein könnte?

WEITERE WICHTIGE BIBELSTELLEN ZUM THEMA:

● Der Tod ist durch Gottes Allmacht begrenzt: Ps 16,10; 73,23–26; Röm 6, 9; 8,31–39; 1.Kor 15,26.54–57; 2.Kor 1,9–10; 2.Tim 1,10; Hebr 11,19; Offb 1,18.

● Die Auferstehung Christi als Grund der christlichen Hoffnung wider den Tod: Joh 14,1–3; Apg 17,31; 26,23; Röm 10,9; 1.Kor 6,14; 15,20.22; 2. Kor 4,14; Kol 1,18; 1.Thess 4,14.

● Das „ewige" Leben beginnt schon im „irdischen" Leben: Joh 3,36; 5,24; 11,25–26; Röm 6,4–11; 2.Kor 5,17.

● Gottes Herrschaft wird in der Ewigkeit vollendete Wirklichkeit werden: 1.Kor 15,21–28; 1.Thess 4,13–18; 2.Petr 3,13.

V. Leben im Geiste Jesu mit Hilfe der Zehn Gebote

1. Sinn und Segen der Zehn Gebote

a) Die Gebote der Gottes- und Nächstenliebe sind untrennbar

Der auferstandene Christus beauftragt seine Kirche: „Gehet hin und macht zu Jüngern alle Völker: Tauft sie ... und lehrt sie halten alles, was ich euch befohlen habe" (Mt 28,19–20). Wir Christen müssen es *lernen*, als Christen zu leben. Jesus fasst seine Lehre mit dem *„Doppelgebot der Liebe"* (⇩) zusammen: „Du sollst den Herrn, deinen Gott, lieben von ganzem Herzen, von ganzer Seele und mit deinem ganzen Verstand. Dies ist das größte und wichtigste Gebot. Das zwei-

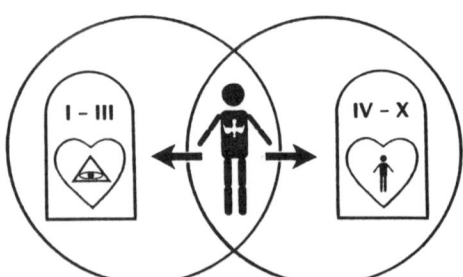

te ist gleich wichtig: Liebe deinen Nächsten wie dich selbst" (Mt 22,37–39). Jesus nennt zwar das Gebot der *Gottesliebe* zuerst, aber er stellt ihm das Gebot der *Nächstenliebe* als *gleich wichtig* an die Seite.

Mit dem *Gleichnis vom barmherzigen Samariter (Lk 10,25–27)* macht Jesus in besonderer Weise deutlich, dass Gottes- und Nächstenliebe zusammengehören. Nicht die „Gottesdiener" Priester und Levit (ein Tempeldiener oder Sänger im Tempelgottesdienst) verhalten sich so, wie Gott es will, sondern der nach damaliger jüdischer Überzeugung „ungläubige" Samaritaner erweist sich als der *wahre Diener Gottes*, weil er an der *Not seines Nächsten nicht vorübergeht*. Er tut alles, was in seinen Kräften steht, um dem ausgeraubten und übel zugerichteten Juden zu helfen.

„Wenn jemand spricht: Ich liebe Gott, und hasst seinen Bruder, der ist ein Lügner. Denn wer seinen Bruder nicht liebt, den er sieht, wie kann er Gott lieben, den er nicht sieht?" (1.Joh 4,20). Die Zehn Gebote geben uns konkrete Hinweise, wie wir die *Gottesliebe* und die *Nächstenliebe* in unserem Leben verwirklichen können.

1. Tafel
Gottesliebe

1. Ich bin der Herr, dein Gott. Du sollst nicht andere Götter haben neben mir.

2. Du sollst den Namen des Herrn, deines Gottes, nicht unnütz gebrauchen; denn der Herr wird den nicht ungestraft lassen, der seinen Namen missbraucht.

3. Du sollst den Feiertag heiligen.

2. Tafel
Nächstenliebe

4. Du sollst deinen Vater und deine Mutter ehren, auf dass dir's wohlgehe und du lange lebest auf Erden.

5. Du sollst nicht töten.

6. Du sollst nicht ehebrechen.

7. Du sollst nicht stehlen.

8. Du sollst nicht falsch Zeugnis reden wider deinen Nächsten.

9. und 10. Du sollst nicht begehren, [was deinem Nächsten gehört].

b) Freiheit in Grenzen: der Sinn von Geboten und Verboten

Die Verkehrsregeln: Die allgemein anerkannten Verkehrsregeln können uns den Sinn von Geboten und Verboten erschließen: Bei uns in der Bundesrepublik gibt es über 20 Millionen Autos. Wenn jeder so fahren würde, wie es ihm gefällt, hätten wir sofort ein totales Verkehrschaos. Damit dieses vermieden wird, gibt es *Verkehrsregeln*, an die sich jeder halten muss. Sie sind dazu da, einen reibungslosen Ablauf des Verkehrs zu gewährleisten und das Leben der Verkehrsteilnehmer zu schützen. Ein Stoppschild sagt mir: Anhalten! Die Autos auf der anderen Straße haben Vorfahrt. Es wäre unverantwortlich, ohne anzuhalten in die Vorfahrtsstraße einzubiegen. Ich würde sonst das Leben anderer und auch mein eigenes Leben gefährden. Die Gebote und Verbote im Straßenverkehr wollen also den Straßenverkehr möglich machen und zugleich das Leben der Verkehrsteilnehmer vor Schaden bewahren.

Regeln für das Leben mit Gott und den Mitmenschen: die Zehn Gebote. Wie die Beachtung der Verkehrsregeln einen reibungslosen Straßenverkehr gewährleistet, so haben auch die Zehn Gebote zum Ziel, das gute Zusammenleben der Menschen mit Gott und auch ein gutes Miteinander der Menschen zu ermöglichen. Wenn *unser Verhältnis zu Gott* keinen Schaden leiden soll, dann tun wir gut daran, bestimmte Regeln zu beachten (Gebote 1–3). Wenn *unsere menschliche Gemeinschaft untereinander* keinen Schaden leiden soll, dann tun wir gut daran, bestimmte Regeln für das menschliche Zusammenleben zu beachten (Gebote 4–10).

FRAGEN ZUM NACHDENKEN:

Mit „Du sollst" beginnt ein Gebot, mit „Du sollst nicht" ein Verbot:
- Wie reagieren wir gefühlsmäßig auf Gebote bzw. Verbote wie „Hinten anstellen!" oder „Betreten des Rasens verboten!"?
- Wie empfinden wir die Zehn Gebote: als Zumutung – Bedrängung – Einengung – teilweise ganz sinnvoll – segensreich – sehr hilfreich?

WEITERE WICHTIGE BIBELSTELLEN ZUM THEMA:
- Lobpreis der Gebote im AT: 5.Mose 4,8; Neh 9,13; Ps 19,9; 119,20.47. 127; Spr 6,23; 19,16.
- Wer Gott liebt, nimmt seine Gebote ernst: 2.Mose 20,6; 5.Mose 7,9; Ps 112,1; 119,73.114–116; Joh 14,15; 15,10; 1.Joh 2,3–5; 3,24; 5,3.
- Alle Gebote werden durch die Liebe erfüllt: Mk 12,28–34; Joh 15,9–17; Röm 13,8–10; Gal 5,13–14; 1.Joh 5,2; 2.Joh 6.

2. Die Gebote der Gottesliebe (Gebote 1–3)

a) Das 1. Gebot: „Ich bin der Herr, dein Gott, du sollst nicht andere Götter haben neben mir?"

Als Israel die Gebote empfing, da lebte es in einer Umwelt, in der überall andere Götter angebetet wurden: Die Ägypter z.B. beteten den Sonnengott „Re" an, die Babylonier den Gott „Marduk" und die Moabiter den Gott „Kemosch". Im Lande Kanaan lebten die Israeliten in enger Nachbarschaft mit den Kanaanäern, die den Gott „Ba-al" als „Herrn" ihres Landes verehrten.

Viele Israeliten waren im Lande Kanaan der Überzeugung, neben *ihrem Gott*, der sie aus der Sklaverei in Ägypten befreit hatte, auch „Baal" dienen zu müssen (s. I Nr.3b S.20). *Gott oder Götzen* – vor diese Entscheidung stellte das 1. Gebot die Israeliten immer wieder: „Da trat (der Prophet) Elia zu allem Volk und sprach: 'Wie lange hinkt ihr auf beiden Seiten? Ist der Herr Gott, so wandelt ihm
nach, ist's aber Baal, so wandelt ihm nach'" (1.Kön 18,21). Gott will keine halbherzigen Menschen in seiner Gemeinschaft, sondern solche, die ihn *ungeteilt lieben*, die ihm *ganz vertrauen*.

Viele Menschen von heute meinen: Es ist leicht, das erste Gebot zu halten. Ich bete ja keine anderen Götter an. Wenn ich bete, dann bete ich zu Gott. – Wer so denkt, der sollte sich fragen, welche Rolle Gott wirklich in seinem Leben spielt. Ein Wort *Martin Luthers* kann uns dabei helfen, diese Frage zu beantworten: *„Woran dein Herz hängt, das ist eigentlich dein Gott."* Woran hängt unser Herz?

Wo Gott nicht der *Herr* im Leben des Menschen ist, da nehmen Götzen die Stelle Gottes ein und be*herr*schen ihn. Wer sein Vertrauen nicht auf Gott setzt, der setzt es auf etwas anderes: Dessen Herz hängt vielleicht an Wohlstand und Geld (= „Mammon": Mt 6,24), am Eigenheim oder am Auto. Er glaubt vielleicht an die Sterne und liest regelmäßig Horoskope. Er ist vielleicht von einem Sektenführer abhängig, der ihm Gesundheit, Glück und Erfolg verspricht, wenn er nach seinen Heilslehren und Vorschriften lebt (und dafür zahlt ...). Oder er glaubt an den „Fortschritt", dass die Menschen im Laufe der Zeit aus eigener Kraft immer bessere Verhältnisse auf Erden schaffen werden. Vielleicht „vergöttert" er auch Sportidole oder Schlagerstars. Vielleicht betet ein Mensch, dessen Herr nicht der lebendige Gott ist, auch sich selber an: seine Körperkraft – seinen Verstand („was ich mir nicht vorstellen kann, das gibt es nicht") – seinen Vorteil – sein Vorankommen – sein Wohlergehen.

Das erste Gebot will uns davor bewahren, den wahren Gott gegen vergängliche Götzen auszutauschen. Es gibt viele Güter in unserem Leben, die uns Freude machen und unser Leben bereichern. Das erste Gebot will uns diese Güter nicht „vermiesen". Es will uns nur davor bewahren, unser Herz so sehr daran zu hängen, dass Gott uns dabei unwichtig wird. Der christliche Weg ist dieser: Ich kann *Gott für alles danken, womit er mein Leben schön macht.* Dann nehme ich die *Güter aus Gottes Hand.* Dann treten die Güter nicht an Gottes Stelle, sondern ich erkenne in ihnen *Zeichen der Güte Gottes,* wodurch er mein Leben bereichert. Wenn ich Gott, dem Schöpfer, für alles danke, dann bleibt er mein Herr und mein Gott. Dann verliere ich Gott über den Gütern nicht aus den Augen.

ANREGUNGEN ZUM NACHDENKEN:

Martin Luther sagt: „Woran dein Herz hängt, das ist eigentlich dein Gott" (um ein Missverständnis auszuschließen: Luther meint mit „das Herz an etwas hängen" nicht unsere natürlichen Bindungen an unseren Ehepartner, an unsere Kinder, an unsere Eltern, Geschwistern oder Freunde):
– Wir betrachten von diesem Lutherwort her kritisch unser Leben. Leben wir nach dem 1. Gebot?
– Danach denken wir über 1.Tim 4,4–5 nach.

b) Das 2. Gebot: „Du sollst den Namen des Herrn, deines Gottes, nicht unnütz gebrauchen, denn der Herr wird den nicht ungestraft lassen, der seinen Namen missbraucht?"

Wir benutzen den Namen Gottes sachgemäß, wenn wir Gott im Gebet anrufen. Oder wenn wir in eine Situation geraten, wo wir uns zu unserem Glauben bekennen müssen: Eine Studentin besucht ihre Eltern zu Weihnachten. Zu später Stunde geht die Familie in den Christnachtgottesdienst. Auf dem Nachhauseweg entwickelt sich ein intensives Gespräch zwischen Mutter und Tochter über die Bedeutung Christi und den christlichen Glauben. Nach einiger Zeit fragt die Tochter ihre Mutter ganz direkt: „Glaubst du denn an Gott?" Die Mutter antwortet: „Ja, ich glaube an Gott." Die Tochter schweigt. Nachdenklich setzt sie ihren Weg nach Hause fort.
Im Gottesdienst gebrauchen wir den Namen Gottes verantwortungsvoll beim Singen von Liedern, bei den Schriftlesungen, Gebeten und während der Predigt. Nötig ist die Benutzung des Gottesnamens ferner im Konfirmanden- und Religionsunterricht oder bei der Behand-

lung von Glaubensthemen in einem Gesprächskreis. In manchen Situationen – etwa bei der Geburt eines Kindes, bei freudigen Anlässen oder nach überstandener schwerer Krankheit können wir ein spontanes „Gott sei Dank" durchaus mit vollem Ernst sagen. Es gibt also viele Gelegenheiten, wo wir den Namen Gottes „nützlich", das heißt sachgemäß gebrauchen können.

In unserem Sprachgebrauch haben sich aber eine Menge Redensarten eingeschlichen, in denen der Name Gottes „unnütz" verwendet, also missbraucht wird. Das ist besonders bei Flüchen der Fall (z.B. „Ach Herrje!" [= Ach, Herr Jesus!]; „Gottverdammt nochmal!"). In bedrängenden oder überraschenden Situationen rutschen uns häufig Redensarten heraus wie „Ach Gott, ach Gott!", „O Gott, das ist ja noch mal gut gegangen!" oder „Gott sei Dank!"

Ob Fluch oder Redensart: bei keiner der eben genannten Situationen rufen wir Gott wirklich an! Wir nehmen also eigentlich nicht ernst, was wir da sagen. Wir nehmen entsprechend Gott nicht ernst, wenn wir seinen Namen „unnütz gebrauchen". Wenn wir das ohne Bedenken immer wieder tun, dann verlieren wir die Ehrfurcht vor Gott. Die Konsequenz („Strafe") ist, dass Gott uns unwichtig wird. Wir können ihn nicht mehr ernst nehmen. Auf diese Weise verlieren wir Gott selber aus den Augen.

ÜBUNG:

Wir achten einmal einen Tag (oder eine Woche) lang auf das Vorkommen des Wortes „Gott" in unserem alltäglichen persönlichen Sprachgebrauch. Führen wir das Wort „Gott" sachgemäß im Munde oder häufiger „unnütz"?

c) Das 3. Gebot: „Du sollst den Feiertag heiligen?"

Nach Gottes Willen gehören Zeiten der Besinnung und Ruhe ebenso wesentlich zum Leben dazu wie die Arbeitszeit. *„Arbeiten wir für das Leben, oder leben wir, um zu arbeiten?"* Das 3. Gebot mahnt uns, die Arbeit nicht überzubewerten und darüber Gott, Ruhe und Feiern zu vergessen.

Du sollst den Feiertag heiligen: Genieße den Sonntag als Ruhetag!
Wer einatmet, der muss auch ausatmen. Wer arbeitet, der braucht
auch Zeiten der Entspannung und der Ruhe. Wer Stress und Hektik
ausgesetzt ist, der benötigt unbedingt Pausen zur Erholung. Wer pau-
senlos arbeitet und meint, sich keine Ruhe gönnen zu können oder zu
müssen, der setzt seine Gesundheit aufs Spiel. Die „Heiligung des
Feiertags" besteht also zum einen darin, am Sonntag alle Arbeiten

 des Alltags (Beruf) so weit wie möglich ruhen zu
lassen und z.B. auch die Haushaltsarbeiten auf
das Notwendige zu beschränken.

***Du sollst den Feiertag heiligen: Nimm dir Zeit
für Gott!*** „Heilig" heißt ja: „zu Gott gehörig".
„Den Feiertag heiligen" bedeutet also soviel wie:
Dieser Tag in der Woche *gehört Gott*. Wenn man es genau nimmt:
Eine Stunde an diesem Tag nehme ich mir besonders Zeit für Gott.

168 Stunden hat die Woche. Davon verbringe ich einen großen Teil im Bett.
Sehr viel Zeit verbringe ich am Arbeitsplatz, in der Schule oder bei Haus-
und Gartenarbeiten. Ich brauche Zeit zum Essen, zum Fernsehen, Zeit für
meine Hobbys. Ich benötige Zeit zum Reden oder Spielen mit meinen Fami-
lienangehörigen, Freunden, Bekannten oder Vereinskameraden.

168 Stunden hat die Woche. Eine Stunde davon verbringe ich im
Gottesdienst. Denn der Gottesdienst ist ein Ort, wo sich Menschen
versammeln, um gemeinsam Gottes Wort zu hören, ihren Glauben zu
bekennen, zu singen und zu beten. Auch der Gottesdienst lässt uns
zur Ruhe kommen. Hier tanke ich auf, hier erhalte ich Kraft und Anregungen für mein alltägliches Leben. Gott will mit mir reden. *„Was
will er mir heute durch diese Predigt sagen?"* Welche Hilfe will er
mir dadurch für mein persönliches Leben, für die neue Woche geben?
Martin Luther hat das dritte Gebot so ausgelegt: „Du sollst den Feiertag heiligen. – Was ist das? Wir sollen Gott fürchten (= respektieren)
und lieben, dass wir die Predigt und sein Wort nicht verachten, sondern es heilig halten, gern hören und lernen."

Wenn Menschen kein Interesse füreinander haben, gehen sie achtlos aneinander vorbei. Wenn zwei Menschen miteinander im Streit liegen, gehen
sie einander aus dem Weg. Wenn zwei Menschen einander schätzen oder lieben, werden sie viel miteinander reden. Wenn wir Gott vertrauen und ihn

lieben, dann werden wir das Gespräch mit Gott suchen. Im Gebet sprechen *wir* mit Gott, und im Gottesdienst hören wir auf das, was *er* uns zu sagen hat. Auf diese Weise behalten wir Kontakt mit Gott, bleiben wir in seiner Gemeinschaft (s. I Nr.1b S.2–3). Unser Glaube lebt vom *gegenseitigen Gespräch*, von Gott mit uns und von uns mit Gott. Der Gottesdienst ist also die *notwendige Voraussetzung eines lebendigen Glaubens*. Wer keine Zeit für Gottes Wort aufbringt, der verliert Gott aus den Augen (s. I Nr.4 S.29–31).

Zusammenfassung: „Du sollst den Feiertag heiligen" bedeutet: Ruhe und Entspannung suchen, den Kontakt mit Gott pflegen, im Gottesdienst auftanken und Kraft für den Alltag bekommen.

ANREGUNGEN UND FRAGEN ZUM NACHDENKEN:

① Das Besondere am Gottesdienst ist das *gemeinsame* Hören der Gemeinde auf Gottes Wort, das *gemeinsame* Beten und Singen und die Feier des Abendmahls. Doch ist das Hören auf Gottes Wort und das Beten nicht auf den sonntäglichen Gottesdienst beschränkt. Viele Christen empfinden es als für ihr Glaubensleben hilfreich und nötig, wenn sie sich auch *im Alltag* einen besonderen Raum für das Gespräch mit Gott freihalten. Sie lesen entweder die Herrnhuter „Losungen" (eine Auswahl biblischer Verse für jeden Tag des Jahres), oder sie beschäftigen sich mit fortlaufenden kleineren Abschnitten aus der Bibel (z.B. jeden Tag eine Geschichte aus den Evangelien) und denken darüber nach. Sie erhalten durch solche tägliche „Zeit der Besinnung" Kraft für die Bewältigung ihres alltäglichen Lebens. – Wir sinnen über zwei Bibelworte nach, die zusammengehören: „Unser tägliches Brot gib uns heute" (Mt 6,11) – „Der Mensch lebt nicht vom Brot allein, sondern von einem jeden Wort, das aus dem Munde Gottes geht" (Mt 4,4).

② Wir denken über zwei Strophen aus Hermann Mahnkes Lied „Der Herr ist Gott, ist Gott allein" nach:

> Die Arbeit nehmt aus Gottes Hand, wozu er sie gegeben:
> Wir leben für die Arbeit nicht, wir arbeiten fürs Leben!
> Habt Zeit nur für das Fernsehn ihr, für Hobbys, große, kleine,
> für Urlaub, Garten, Länderspiel, für Discos und Vereine?

> Habt Zeit auch für den Gottesdienst, der Herr will euch beschenken,
> will euch durch sein Wort und Gebot in eurem Leben lenken.
> Sucht seine Nähe im Gebet auf allen euren Wegen.
> Dankt eurem Gott, klagt eure Not und fleht um seinen Segen.

③ Warum fällt es vielen Menschen so schwer, sich einmal in der Woche dem gemeinsamen Hören auf Gottes Wort, dem gemeinsamen Gebet und Lobpreis Gottes im Gottesdienst zu widmen?

④ *Martin Luthers* Auslegung des 3. Gebots findet sich oben im Text. Wie würde Luther die Tatsache der im Vergleich zu den hohen Gemeindegliederzahlen mäßig besuchten Sonntagsgottesdienste in unserem Lande bewerten?

d) Der gemeinsame Sinn der Gebote 1–3 (1. Tafel)

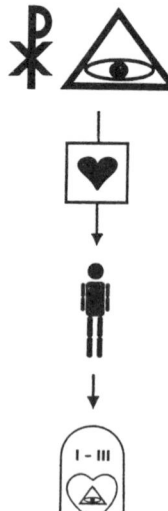

Die drei Gebote der 1. Tafel haben zum Ziel, uns vor Verhaltensweisen zu bewahren, die unser Verhältnis zu Gott gefährden oder kaputtmachen können. Wir sollen Gott nicht dadurch aus den Augen verlieren, dass wir unser Herz an Götzen oder vergängliche Güter hängen (1. Gebot). Wir sollen Gott nicht dadurch aus den Augen verlieren, dass wir durch einen respektlosen Umgang mit seinem Namen die Achtung vor Gott selbst verlieren (2. Gebot). Wir sollen Gott nicht dadurch aus den Augen verlieren, dass wir keine Zeit für ihn aufbringen und sein Wort geringschätzen (3. Gebot). „Lasst uns lieben, denn *er* hat uns zuerst geliebt" (1.Joh 4,19): Unser Gottvertrauen und unsere Liebe zu Gott werden uns helfen, den Geboten der 1. Tafel entsprechend zu leben:

Wenn wir Gott lieben, dann werden wir keine anderen Götter neben ihm haben (1. Gebot).

Wenn wir Gott lieben, dann werden wir seinen Namen mit Respekt gebrauchen (2. Gebot).

Wenn wir Gott lieben, dann werden wir auf sein Wort am Feiertag gerne hören (3. Gebot).

3. Die Gebote der Nächstenliebe (Gebote 4–10)

a) Das 4. Gebot: „Du sollst deinen Vater und deine Mutter ehren, auf dass dir's wohlgehe und du lange lebest auf Erden?"

Zwischen Steffen und seinem Vater gibt es Ärger. Der Vater findet, dass Steffens Haare unbedingt geschnitten werden müssten. Steffen hält den Gang zum Frisör für ausgesprochen verfrüht. „Noch heute nachmittag gehst du zum Frisör!" erklärt der Vater. Steffen gibt Kontra: „Ich bin doch nicht bescheuert. Kann ich mir ja gleich 'ne Glatze schneiden lassen!" So geht es eine ganze Weile zwischen Steffen und seinem Vater hin und her. Schließlich sagt der Vater: „Hast du nicht im Konfirmandenunterricht das 4. Gebot gelernt: Du sollst deinen Vater und deine Mutter ehren? Also bitte: Du hast zu gehorchen! Du gehst noch heute zum Frisör!" Für den Vater ist die Sache damit erledigt. Für Steffen nicht. Er hat im Konfirmandenunterricht nämlich nicht gelernt, dass „Vater und Mutter ehren" nur „gehorchen" bedeutet. Das 4. Gebot lautet eben nicht: „Du sollst Vater und Mutter gehorchen", sondern: du sollst sie *„ehren"*.

Martin Luther legt das 4. Gebot so aus: „Was ist das? Wir sollen Gott fürchten (= respektieren) und lieben, dass wir unsere Eltern ... nicht verachten noch erzürnen, sondern sie in Ehren halten, ihnen dienen, gehorchen, sie lieb und wert haben." „Ehren" bedeutet nach Luther also keineswegs nur „gehorchen". Denn was *„Vater und Mutter ehren" jeweils bedeutet, hängt ganz vom Lebensalter der Kinder und auch der Eltern ab*. Die folgenden Ausführungen sind unter der Voraussetzung geschrieben, dass Eltern ihre Kinder lieben und gern haben, so dass sich ihre Kinder bei ihnen wohl fühlen und entsprechend auch ihre Eltern lieben.

■ *Baby- und Kindesalter:* Kleine Kinder haben noch keinen Überblick und oft keinen Sinn für Gefahren. Nicht alles, was Kinder wollen, ist auch gut für sie. Die Kinder werden in diesem Alter also *gehorchen* müssen, wenn sie ohne Schaden groß werden wollen.

■ *Jugendzeit:* Jugendliche sind vernünftiger als kleine Kinder. Die Eltern können also ihre Fähigkeit zur Einsicht ansprechen. Besteht ein Vertrauensverhältnis zwischen Eltern und Kindern, dann werden die Jugendlichen *ernst nehmen*, was die Eltern ihnen sagen. „Eltern ehren" heißt in dieser Zeit auch: Viel mit den Eltern reden über das, was einen beschäftigt, im Haushalt mithelfen, kleine Pflichten zur Entlastung der Eltern übernehmen, dankbar wahrnehmen, was sie alles für einen tun. – Wer nur bei der Mutter oder beim Vater lebt, für den kann das 4. Gebot auch bedeuten: Ich verachte den Elternteil nicht, von dem sich Vater oder Mutter getrennt hat. Ich pflege den Kontakt mit ihr oder ihm, so gut das möglich ist.

■ *Junge Erwachsene:* Sie gehen inzwischen ihren eigenen Weg. „Eltern ehren" bedeutet für sie: Die Eltern akzeptieren. Sie leben ihr Leben, ich lebe meins. Mit den Eltern im Gespräch bleiben, damit man sich nicht auseinanderlebt. Ihnen nötigenfalls zur Hand gehen. Über ihre Ratschläge ernsthaft nachdenken usw.

■ *Verheiratete Kinder:* Viele von ihnen sind aus dem Elternhaus gegangen. „Eltern ehren" heißt für sie jetzt vor allem: Die Eltern am eigenen Leben teilnehmen lassen, sie besuchen, sie einladen, ihnen großelterliche Aufgaben geben. Ihnen helfen, wenn sie es wünschen usw.

■ *Wenn man selber älter wird und die eigenen Eltern alt geworden sind:* In diesem Alter bedeutet „Eltern ehren": Sich um die Eltern kümmern, ihnen helfen zurechtzukommen. Stirbt ein Elternteil, den Vater oder die Mutter zu sich nehmen, wenn die eigene Wohnung es zulässt *und* wenn Vater oder Mutter es wünschen. Oder eine andere befriedigende Lösung zusammen mit Vater oder Mutter suchen. „Eltern ehren" heißt jetzt: Eltern pflegen – Eltern begleiten – ihnen gerade auch im Sterben zur Seite stehen.

Das 4. Gebot ist also eine Art *„Generationenvertrag"*: Meine Eltern lieben mich. Sie erziehen mich zur Selbstständigkeit. Zunächst bin ich ganz auf sie angewiesen. Wenn sie älter oder alt geworden sind, werde ich die Liebe, die sie mir zukommen ließen, erwidern. Dann ist es meine Sache, ihnen bis zum Ende ihres Lebens zur Seite zu stehen. Wenn unsere Eltern uns lieben, geht es uns in unserem Leben wohl. Wenn wir unsere Eltern lieben, geht es ihnen in ihrem Leben wohl.

EINE FRAGE ZUM NACHDENKEN:

Am Anfang des Abschnitts über das 4. Gebot wird von einer Auseinandersetzung zwischen Steffen und seinem Vater berichtet. Es bleibt offen, wie der Streit ausgeht, den der Vater mit einem Hinweis auf das 4. Gebot beenden möchte, um seinen Sohn zum Gehorsam zu bewegen. – Wir stellen uns vor, bei dieser Auseinandersetzung anwesend gewesen zu sein. Steffen hat gerade wütend das Zimmer verlassen. Es ist jetzt an uns, mit dem Vater über die Bedeutung des 4. Gebots zu sprechen. Was werden wir ihm sagen?

b) Das 5. Gebot: „Du sollst nicht töten?"

Das 5. Gebot soll das Leben schützen und bewahren helfen. Das heißt in einem sehr direkten Sinn nach *Martin Luther*: „Was ist das? Wir sollen Gott fürchten (= respektieren) und lieben, dass wir unserm Nächsten an seinem Leibe keinen Schaden noch Leid tun ...“ – „Nicht töten" bedeutet also zunächst einmal:

Das Leben (des Nächsten) achten und nicht zerstören. Was ist damit alles gemeint?

Verschiedene Formen des Tötens: ∎ *Mord und Totschlag:* Bereits auf den ersten Seiten der Bibel ist von einem Mord die Rede: Kain erschlägt seinen Bruder Abel (Brudermord: 1.Mose 4,1–6; s. II Nr.4b S.53–54). *Mord* ist das vorsätzliche, überlegte und geplante Töten, etwa um jemanden zu berauben oder um ihn aus anderen Gründen aus dem Weg zu räumen (z.B. Geiselnahme, Terroranschläge). – *Totschlag* ist das Töten im Affekt (= ohne Kontrolle der Gefühle), etwa unter Alkoholeinfluss. Oder wenn ein Ehemann seine Frau mit einem anderen Mann im Bett entdeckt, „durchdreht" und einen von beiden (oder beide) aus Eifersucht umbringt.

∎ *Tod durch Autounfall:* Ein Autofahrer besteigt unter Alkoholeinfluss sein Fahrzeug. Da läuft ein Kind über die Straße. Der angetrunkene Fahrer reagiert zu langsam und überfährt das Kind. Es stirbt am Unfallort. – Ein verantwortungsloser Motorradfahrer fährt durch eine geschlossene Ortschaft mit überhöhter Geschwindigkeit. Eine alte Frau schätzt seine tatsächliche Geschwindigkeit falsch ein, überquert die Straße und wird von dem Motorrad erfasst. Sie stirbt 14 Tage später im Krankenhaus.

∎ *Abtreibung:* Abtreibung wird in verharmlosender Weise auch „Schwangerschaftsabbruch" genannt. In der Bundesrepublik werden jährlich schätzungsweise 300.000 Kinder abgetrieben. Ist es richtig, ein Menschenleben, das sich nicht selbst verteidigen kann, auszulöschen? Es gibt Fälle, wo man um eine Abtreibung nicht herumkommt, etwa wenn das Leben der Mutter durch die Schwangerschaft ernsthaft gefährdet ist. Vom 5. Gebot her kann eine

Abtreibung aber nur *im verantworteten Notfall* befürwortet werden. – „Denn du, Gott, hast meine Nieren bereitet und hast mich gebildet im Mutterleibe. Ich danke dir dafür, dass ich wunderbar gemacht bin; wunderbar sind deine Werke; das erkennt meine Seele. Deine Augen sahen mich, als ich noch nicht bereitet war, und alle Tage waren in dein Buch geschrieben, die noch werden sollten und von denen keiner da war" (Ps 139,13–14.16).

■ *Selbstmord:* Gott ist der Herr über Leben und Tod. Er ist der Herr auch über mein Leben. Er schenkt es mir durch meine Eltern, und er wird mein Leben an sich nehmen zu seiner Zeit: „Meine Zeit steht in deinen Händen" (Ps 31,16). Der Lebenswille eines Menschen, der sich mit Selbstmordgedanken herumschlägt, ist geschwächt. Er kommt mit bestimmten Problemen nicht zurecht. Im Falle eines Selbstmords haben die Angehörigen, Freunde und Bekannten unendliches Leid zu tragen und werden mit starken Schuldgefühlen belastet. Ein Mensch, der sich mit Selbstmordgedanken herumschlägt, muss wieder Lebensmut entwickeln: „Gott will, dass ich lebe. Meine Angehörigen wollen es auch." Er braucht vor allem seelische Hilfe, Zeit der anderen, Verständnis, offene Ohren und tätige Mithilfe anderer, um seine Probleme zu bewältigen. Vielleicht kommen wir selber einmal in die Lage, einem selbstmordgefährdeten Menschen zu helfen.

■ *Selbstmord auf Raten:* Missbrauch von Alkohol und Drogen: *Alkohol* – in Maßen genossen – kann das Leben bereichern, wie es in Ps 104,15 heißt: „Der Wein erfreue des Menschen Herz". Gefährlich ist übermäßiger Alkoholgenuss. Er kann zu schweren Körperschäden oder sogar zum Tod führen. Deshalb ist es sehr wichtig, *verantwortlich* mit Alkohol umzugehen. – *Drogen* wie Haschisch und Marihuana haben eine ähnliche Wirkung wie der Alkohol. Sie betäuben Probleme, lösen sie aber nicht. Sie sind gefährlich, weil sie die Hemmschwelle gegenüber den sogenannten „harten Drogen" (Heroin; Opium; Kokain) herabsetzen. Harte Drogen machen sofort körperlich abhängig und führen schon nach kurzer Zeit zu einer starken Schädigung des gesamten Organismus. Viele Rauschgiftsüchtige sterben an den Folgen ihrer Sucht. – Dass das *Rauchen* die Gesundheit schädigt, ist erwiesen und bekannt.

Wehrdienst und Ersatzdienst: Die einen sagen: „Es ist immer falsch zu töten. Trage deshalb nie Waffen und mache Ersatzdienst!" – Die anderen sagen: „Es ist wichtig, das eigene Land verteidigen zu können. Wenn wir stark sind und eine gute Armee haben, verkleinern wir das Risiko eines Krieges und dienen so dem Frieden. Denn eine starke Bewaffnung wird einen anderen Staat davon abhalten, uns anzugreifen." Zwischen diesen beiden völlig gegensätzlichen Standpunkten kann in unserem Land jeder frei wählen und eine *Gewissensentscheidung* treffen. – Wie auch immer diese Entscheidung

ausfallen wird – das 5. Gebot stellt mit seinem Wortlaut „Du sollst nicht töten" die irrsinnige Bedrohung allen Lebens auf unserer Erde durch Unmengen von atomaren, chemischen und biologischen Waffen direkt in Frage.
Christen sollten deshalb nicht nachlassen, sich für Abrüstung und Frieden
einzusetzen und dafür täglich zu beten.

Du sollst das Leben deines Nächsten fördern! Das 5. Gebot will uns
nicht nur davor bewahren, unserem Nächsten oder uns selber das Leben zu nehmen. Es will uns auch dazu ermutigen, uns gegenseitig
das Leben zu erleichtern. „Du sollst nicht töten" heißt positiv ausgedrückt: „Fördere den Lebensraum deines Nächsten!" So hat es auch
Martin Luther ausgelegt. Seine vollständige Erklärung des 5. Gebots
lautet: „Was ist das? Wir sollen Gott fürchten und lieben, dass wir
unserm Nächsten an seinem Leibe keinen Schaden noch Leid tun,
sondern ihm helfen und beistehen in allen Nöten."

Helfen und beistehen in allen Nöten: Jeder von uns hat in seinem persönlichen Lebensraum viel Gelegenheit, hier aktiv zu werden. Ein paar
Stichworte wollen uns auf die Vielfalt aufmerksam machen, wie wir uns einsetzen können: Nachbarschaftshilfe – Kranke pflegen – zu Einsamen gehen –
Behinderte ausfahren – Briefmarken für Bethel sammeln – Geld für Hilfs-
werke spenden – Weltbibelhilfe unterstützen – für alte Nachbarn oder Kranke Besorgungen machen – sich für Menschen einsetzen, die wegen ihres
christlichen Glaubens oder wegen ihrer politischen Überzeugung gefangen-
gehalten werden (Amnesty International) – Ausländer einladen – im Haushalt helfen – Menschen in Schutz nehmen, über die hergezogen wird usw.

EINE FRAGE ZUM NACHDENKEN:

„Das Gute – dieser Satz steht fest – ist stets das Böse, das man lässt": so
charakterisiert Wilhelm Busch den „Pharisäer". „Du sollst nicht töten" meint
nach *Martin Luther* nun nicht nur die Enthaltung von lebensbedrohendem
Verhalten gegenüber anderen Menschen. Sondern er betont den positiven
Auftrag des 5. Gebots, dass wir nämlich unserem Nächsten „helfen" und ihn
„fördern" sollen.

– Wir denken über die Menschen unserer nächsten Umgebung nach. Sind
   uns Menschen bekannt, die in irgendeiner Form Hilfe benötigen? Könnten *wir* etwas für sie tun? Wären wir dazu bereit?
– Würden wir – etwa im Krankheitsfalle – Hilfe von anderen Menschen annehmen?

c) Das 6. Gebot: „Du sollst nicht ehebrechen?"

Wozu Ehe? In den Schöpfungsgeschichten am Anfang der Bibel la-
sen wir, dass Gott uns Menschen zweigeschlechtlich geschaffen hat
„als Mann und Frau" (1.Mose 1,27). Die zweite Schöpfungsgeschichte sagt uns sehr deutlich, *warum* Gott den Menschen zweigeschlechtlich schuf: „Gott, der Herr, dachte: 'Es ist nicht gut, dass der Mensch
so allein ist. Ich will ein Wesen schaffen, das ihm hilft und das zu
ihm passt'" (1.Mose 2,18 [Übersetzung „Gute Nachricht Bibel"]).
Das Zusammenleben von Mann und Frau in der Gemeinschaft der
Ehe soll also dazu dienen, dass sich beide Ehepartner *gegenseitig
durch das Leben helfen.* So ist es gottgewollt und natürlich.
Die eheliche Gemeinschaft ist eine *totale Lebensgemeinschaft.* Auch
das sagt die zweite Schöpfungsgeschichte sehr eindeutig: „Deshalb
verlässt ein Mann Vater und Mutter, um mit seiner Frau zu leben.
Die zwei sind dann eins, mit Leib und Seele" (1.Mose 2,24 [Übersetz-
zung „Gute Nachricht Bibel"). Mit der Eheschließung gehen von den
Eltern selbstständig gewordene Erwachsene eine neue Bindung ein:
Der Mann bindet sich an die Frau, die er liebt. Die Frau bindet sich
an den Mann, den sie liebt. *Gegenseitiges Vertrauen und Liebe* sind
die Voraussetzungen einer gelingenden ehelichen Partnerschaft.

Das Wort „Liebe" wird heute sehr häufig gebraucht. Oft wird es mit „Verliebtsein" gleichgesetzt. Gerne wird „lieben" auch für „miteinander schlafen" verwendet. *Eheliche Liebe* ist aber weitaus mehr als Verliebtsein und
körperliche Liebe. Das macht ein Brief von Walter Trobisch[5] an einen jungen Mann klar, der im Folgenden auszugsweise abgedruckt ist. Der junge
Mann hatte sich brieflich an seinen Seelsorger Walter Trobisch gewendet
und geschrieben, dass er ein Mädchen, dessen Namen er nicht kannte,
„geliebt" (= mit ihm geschlafen) habe. Daraufhin versucht Trobisch ihm
klarzumachen, was *Liebe* ist:
„Ein Satz in deinem Brief hat mir besonders zu denken gegeben. Du
schreibst: 'Ich liebte ein Mädchen.' Nein, mein Lieber. Du hast dieses Mädchen nicht geliebt; Du bist mit ihr ins Bett gegangen – das sind zwei ganz
verschiedene Dinge. Du hast ein sexuelles Erlebnis gehabt, aber was Liebe
ist, hast Du nicht erfahren. Du kannst zwar zu einem Mädchen sagen: 'Ich
liebe dich', aber was Du in Wirklichkeit meinst, ist etwa folgendes: 'Ich will
etwas haben. Nicht dich, sondern etwas von dir ... Ich will es ohne Aufschub
haben ... Was mich interessiert, das ist der Augenblick. Ich benutze dich, um

meine Wünsche zu befriedigen. Du bist für mich nur ein Mittel, um mein
Ziel zu erreichen. Ich will *haben*. Ohne Umstände *haben*. Sofort *haben*.'
Das ist das Gegenteil von Liebe. Liebe will *geben*. Liebe sucht das Glück des
anderen, nicht das eigene. Du hast gehandelt wie ein krasser Egoist ... Lass
Dir sagen, was 'Ich liebe dich' wirklich heißt: 'Du, du, du. Du allein sollst es
sein. Du hast den einzigen Platz in meinem Herzen. Du bist der Mensch,
nach dem ich mich gesehnt habe, ohne den ich unvollkommen bin. Für dich
will ich alles geben, hingeben, auch mich selbst. Für dich will ich immer
dasein. Für dich will ich leben und schaffen. Auf dich will ich warten, gleich
wie lange. Mit dir will ich immer Geduld haben. Dich will ich niemals
zwingen, auch nicht mit Worten. Dir gegenüber will ich immer offen, auf-
richtig, durchsichtig sein. Dich will ich behüten, beschützen, bewahren. Mit
dir will ich alles teilen und erleben. Auf dich will ich immer hören. Ohne
dich will ich nichts unternehmen. Bei dir will ich bleiben allezeit.'
Merkst Du jetzt, wie weit Dein Erlebnis von einem Liebeserlebnis entfernt
war? Du kennst nicht einmal den Namen jenes Mädchens! ... Nein, du hast
sie nicht geliebt! Liebe übernimmt Verantwortung für den anderen. Wo geliebt wird, heißt es nicht mehr 'ich', sondern 'du': 'Ich bin für dich verantwortlich. – Du bist für mich verantwortlich'... Deshalb solltest du äußerst
sparsam umgehen mit dem großen Wort: 'Ich liebe Dich.'"

Die Einheit der Eheleute: Ehepartner haben eine gemeinsame Woh-
nung, gemeinsame Interessen, gemeinsame Freunde und gemeinsame
Kinder. Sie besprechen alles miteinander, sie haben füreinander Zeit.
Sie teilen Freude und Leid gemeinsam. Sie helfen einander durch
Schwierigkeiten (Krankheit, Arbeitslosigkeit usw.) hindurch. Auch die
Geldangelegenheiten regeln sie gemeinsam. Ihrer geistigen und seeli-
schen Gemeinschaft entspricht die sexuelle Gemeinschaft. Die Bibel
betont das *Einswerden* von Mann und Frau in der Ehe (1.Mose 2,24;
Mt 19,5–6). Die Einheit einer Ehe ist allerdings die *Aufgabe der Ehe-
leute über die Zeit ihrer Ehe hin*, sie ist noch nicht vom Anfang der
Eheschließung an da. Sie muss im Laufe der Jahre wachsen, tiefer und
reifer werden. Mitunter geht der Prozess des Einswerdens „schmerz-
lich" vonstatten, wenn Eheleute sich „zusammenraufen" (Ehekrach).

Die standesamtliche Trauung: In der Bundesrepublik Deutschland
leben knapp 90 Millionen Bürger. Gesetze regeln das Zusammenleben zum Schutz der Menschen vor Willkür und Bedrohung. Auch das
eheliche Zusammenleben ist gesetzlich geregelt. Gesetze schützen

den „Raum der Ehe", damit Frau und Mann geistig, seelisch und körperlich *eins* werden können (1.Mose 2,24). Nach den Gesetzen haben die Ehepartner gegenseitige Rechte und Pflichten. Die standesamtliche Trauung ist eine Art *„Lebensvertrag"* zwischen Mann und Frau. Wird eine Ehe mit Kindern gesegnet, tritt für die Ehepartner auch das *Elternrecht* mit seinen Rechten und Pflichten in Kraft. Gesetzlich geregelt ist ferner der finanzielle Rahmen einer Ehe: Gütergemeinschaft oder Gütertrennung usw.

Ein Ehepartner muss sich auf die Treue des anderen verlassen können. Es kann z.B. nicht ein Mann nach 20 Ehejahren seine Frau mit den Kindern plötzlich „sitzenlassen", zu einer jüngeren Frau ziehen und sich nicht weiter um seine Familie kümmern. Die Gesetze werden ihn zwingen, seinen Verpflichtungen nachzukommen und den Unterhalt für Frau und Kinder zu bezahlen. So *schützen* entsprechende Gesetze verheiratete Frauen, Männer und auch die Kinder vor den Folgen von Willkür und Verantwortungslosigkeit, wenn sie auch Schuld und Leid nicht verhindern können.

Die kirchliche Trauung: Zwei Menschen lernen einander kennen und lieben. Sie prüfen sich und beschließen nach einem längeren

Zeitraum, zu heiraten. Diese Entscheidung prägt ihr zukünftiges Leben. Als *Christen* sehen wir unser Leben vor dem Hintergrund des verborgenen Wirkens Gottes. Er kennt und lenkt unseren Lebensweg im Verborgenen. Wenn wir uns nach reiflicher Überlegung zu heiraten entschlossen haben, dann tun wir das im Vertrauen darauf, dass *Gott* – und nicht ein blindes Schicksal oder der Zufall – uns zusammengeführt hat. Dann werden wir nach der standesamtlichen Trauzeremonie den Weg in die Kirche finden und Gott im Traugottesdienst um seinen *Segen für unsere Ehe* bitten.

Im *Traugottesdienst* hält der Pastor oder die Pfarrerin eine Predigt über den *Trauspruch*, ein Wort aus der Bibel, das als „Überschrift" über der neuen Ehe stehen soll (z.B. 1.Kor 13,13; Gal 6,2; Eph 4,32). Der Pfarrer oder die Pastorin fragt dann die Brautleute „vor Gott und dieser Gemeinde" einzeln, ob sie in Liebe, Verständnis und Treue beieinander bleiben wollen „in guten und schweren Zeiten, bis der Tod eure eheliche Gemeinschaft beendet". Die Brautleute antworten dann jeder für sich: „Ja, *mit Gottes Hilfe*", weil niemand von uns Menschen für seine Zukunft garantieren kann, und weil wir als Christen auf Gottes Hilfe vertrauen (⇐ Abbildung auf der Vorseite).

Es kommt dann allerdings alles darauf an, dass wir *Gottes Hilfe auch in Anspruch nehmen*: im *Gebet* (Dank – Bitte – Fürbitte) und im *Hören auf Gottes Wort* (was kann eine Predigt über die Liebe Christi und Gottes zu uns Menschen alles an Anregungen für eine gute Eheführung enthalten!). Nach dem *Ringwechsel* spricht der Pastor oder die Pfarrerin das Brautpaar als christliche Eheleute zusammen an: „Was Gott als Einheit gemeint hat, das soll der Mensch nicht trennen." Die *Bitte um Gottes Segen* für das neuvermählte Paar und die *Segnung der Eheleute* beschließen den Traugottesdienst.

Die Bedeutung des sechsten Gebots für das eheliche Leben:

Das 6. Gebot „Du sollst nicht ehebrechen" zielt auf den *Schutz der Ehe*. Es schützt meine Ehe vor Zugriffen anderer (sie sollen in meine Ehe nicht „einbrechen"), und es will mich und meinen Ehepartner davor bewahren, aus unserer Ehe „auszubrechen"
(„Seitensprung"). Die beste Art, das 6. Gebot zu halten, ist die *Führung einer guten Ehe*. Wenn zwei Ehepartner sich wirklich lieben, dann ist die geistige, seelische und körperliche Bindung so stark, dass sie gar nicht ihre Ehe „zerbrechen" wollen.

Doch eine gute Ehe stellt sich nicht von selber ein. Man muss etwas dafür tun. Eheleute müssen *gemeinsam daran arbeiten* und die *gute Beziehung zueinander pflegen*. Dabei hat das ständige und offene Gespräch zwischen den Ehepartnern für das Gelingen ihrer Ehe entscheidende Bedeutung. Auch im Gespräch mit Gott (Beten – Hören auf Gottes Wort) nehmen christliche Eheleute Gottes Hilfe für ihr Eheleben in Anspruch:

■ Eine *verantwortungsvolle Eheführung* bedeutet: Viel mit dem Ehepartner reden über alles, damit Vertrauen und Offenheit in der Ehe wachsen können.

■ Wir sollen *unseren Ehepartner nicht als unser Eigentum betrachten*, sonst sind wir versucht, über ihn zu bestimmen wie über einen Besitz („Tyrann"). Gott hat die Eheleute einander *anvertraut* („Trauung"). Mit einem Menschen, der mir anvertraut ist, gehe ich behutsam um (Partnerschaft).

■ Christliche Eheleute werden *von Gottes Hilfe für ihre Eheführung Gebrauch machen*. Sie danken Gott für alles Schöne in ihrem Eheleben und besprechen mit ihm, was sie bedrückt. Sie hören gemeinsam auf das, was Gott ihnen durch sein Wort sagen will. Und sie sprechen gemeinsam darüber.

■ Eheleute müssen es lernen, *vom anderen her zu denken*: Was denkt, fühlt, wonach sehnt sich mein Ehepartner? Wo bin ich ihm/ihr etwas schuldig geblieben? Vergebung verbindet wieder.

■ Eheleute müssen bereit sein, *Hilfen anzunehmen, wenn es nötig wird*: Es gibt Zeiten, wo Ehepaare sich schwer miteinander tun. Dann ist es hilfreich, sich zu erinnern: Gott hat uns zusammengeführt. Wir können ihn um Hilfe bitten („Ja, mit Gottes Hilfe" [s.o.]) und dann nach Wegen suchen, aus der Sackgasse unserer Ehe herauszukommen. Hilfreich sind folgende Schritte:
- – Viel miteinander sprechen.
- – Wenn das nichts nützt: gute Freunde zu Rate ziehen.
- – Wenn das nichts nützt: eine(n) Seelsorger(in) zu Rate ziehen.
- – Wenn das nichts nützt: eine Eheberatungsstelle aufsuchen.
- – Wenn es auch danach wirklich nicht mehr geht: in Frieden auseinandergehen und getrennt leben. Manchmal hilft sogar das. Wenn nicht: Scheidung einleiten. Die Scheidung ist nicht einer der ersten Schritte, aus einer echten Ehekrise herauszukommen, sondern der *letzte*.

ANREGUNG:

Wir denken über die oben gegebenen Hinweise für eine christliche Eheführung nach.

d) Das 7. Gebot: „Du sollst nicht stehlen?"

Der Sinn des 7. Gebots „Du sollst nicht stehlen" liegt klar auf der Hand: „Respektiere das Eigentum deines Nächsten!" Gottes Gebot will das Eigentum schützen, das private und auch das gesellschaftliche. Friede im Zusammenleben von Menschen ist nur möglich, wenn ich nicht befürchten muss, dass mir jemand mein Eigentum beschädigt oder wegnimmt (z.B. Diebstahl von Fahrrädern oder Fahrradteilen, Ladendiebstahl, heimliche Sachbeschädigungen). Wer Steuern hinterzieht oder Versicherungen betrügt, bereichert sich auf Kosten der Allgemeinheit. Im Interesse eines friedlichen Zusammenlebens mit meinen Mitmenschen innerhalb unserer Gesellschaft halte ich mich selber an das 7. Gebot und erwarte, dass es auch die anderen tun.

Die Bereicherung auf Kosten anderer hängt oft mit dem Wunsch zusammen, sich das auch leisten zu können, was andere haben. Neid und Habgier stellen sich ein und verführen einen Menschen zum Übertreten des 7. Gebots. Dabei wird oft großer Schaden und Leid angerichtet, denn manche Dinge, die gestohlen werden, haben für den Bestohlenen oftmals großen Erinnerungswert (z.B. Schmuck, den eine Witwe von ihrem Mann zur Silbernen Hochzeit geschenkt bekam). Das 7. Gebot warnt: Achte das Eigentum des anderen! Du wirst es dann respektieren, wenn du mit dem zufrieden bist, was Gott dir gibt. Wenn du Gott für dein Leben und für alles, was dir gehört, dankbar bist, dann wirst du davor bewahrt bleiben, gegen das 7. Gebot zu verstoßen. Das *Dankgebet* hilft uns, das 7. Gebot zu beachten.

Martin Luther legt das 7. Gebot so aus, dass wir nicht nur Eigentumsdelikte in jeder Form vermeiden sollen, sondern dass wir uns positiv für das materielle Wohlergehen von Menschen einsetzen: „Was ist das? Wir sollen Gott fürchten (= respektieren) und lieben, dass wir unsers Nächsten Geld und Gut nicht nehmen noch mit falscher Ware oder Handel an uns bringen, sondern ihm sein Gut und Nahrung *helfen bessern und behüten.*"

ANREGUNG:

Wir gehen mit einem Wort Dietrich Bonhoeffers auf Entdeckungsreise in unserem persönlichen Leben: „Man soll Gott in dem finden und lieben, was er uns gerade gibt."

e) Das 8. Gebot: „Du sollst nicht falsch Zeugnis reden wider deinen Nächsten?"

Worte sind Taten: Unser Reden hat mehr Wirkung auf unsere Umwelt, als wir denken. Worte sagt man nicht nur so dahin, sie *wirken*. Sie können trösten und ermutigen, sie können aber auch verletzen und „töten". Von der Zunge – dem „Sprechorgan" – heißt es in der Bi-

 bel: „So ist auch die Zunge ein kleines Glied und richtet große Dinge an. Siehe, ein kleines Feuer, welch einen Wald zündet's an!" (Jak 3, 5). Das 8. Gebot rät dazu, dass all unser Reden und Sprechen von *Wahrhaftigkeit und Liebe* geprägt sein soll, damit wir anderen Menschen und auch uns selber keinen Schaden zufügen.

Unwahrhaftigkeit macht Leben kaputt:

■ Ein Meineid (= falscher Eid) oder eine Falschaussage vor Gericht kann einem unschuldigen Menschen die Verurteilung bringen, also sein Leben ruinieren.

■ Eine Zeitung veröffentlicht im Zusammenhang eines Mordes den Namen des Verdächtigen „Fritz Müller". Auch wenn, wie sich später herausstellt, dieser Mensch gar nichts mit dem Verbrechen zu tun hat, ist sein Name in Zukunft doch im Bewusstsein vieler Menschen mit der Mordtat verbunden. Die Veröffentlichung des Namens eines Verdächtigen in der Zeitung kann zu einem Fall von „Rufmord" werden.

■ Wer aus Mangel an Beweisen freigesprochen wurde, darf nicht hinter seinem Rücken weiterhin verdächtigt werden. Auch das ist „Rufmord".

■ Mancher beteiligt sich an Gerüchten und Klatsch: „Ich glaube, dass Hans Kurzbuch manchmal trinkt." Kurze Zeit später heißt es bereits: „Hans Kurzbuch ist nie nüchtern." Auch das ist „Rufmord". Wer sich so verhält, macht das unproblematische Zusammenleben eines Menschen mit seinen Mitmenschen unmöglich. Es ist schlimm, wenn eine Fabrik ihre Abwässer ungeklärt in Bäche oder Flüsse einleitet und damit das Leben an Stränden und in Fischereigewässern zerstört. Genauso verpestet und belastet das Zusammenleben von Menschen, wer klatscht, verleumdet, böse Gerüchte weiterverbreitet oder selber ausstreut.

Lügen belasten das menschliche Zusammenleben: Es gibt Menschen, die bestimmte Lügen lange durchhalten – vielleicht ein Leben lang. Dieses „Theaterspiel" kostet viel Kraft. Der Lügner muss ja auf alle erdenkliche Weise dafür sorgen, dass der Belogene in Unkenntnis der Wahrheit bleibt. *Grundlage des menschlichen Zusammenlebens ist das gegenseitige Vertrauen.* Lügen bedeutet: Ich missbrauche das Vertrauen, das man meinen Worten entgegenbringt, sage die Unwahrheit und hoffe, dass der/die andere mir das glaubt. Kommt die Lüge an den Tag, ist besonders das Vertrauensverhältnis zwischen

Belogenem und Lügner erschüttert: „Hat er mich einmal belogen, tut er es vielleicht wieder." „Hat er mich dieses Mal belogen, hat er es vielleicht schon öfter getan." „Wie weit kann ich dem, was er mir sagt, überhaupt noch Glauben schenken?" Wer lügt, wer gar „Notlügen" allzu schnell rechtfertigt, der macht sich das Leben nur selber schwer und belastet das Vertrauensverhältnis zu seinen Mitmenschen: „Wer einmal lügt, dem glaubt man nicht, und wenn er auch die Wahrheit spricht".

Was will das achte Gebot? Das 8. Gebot will uns vor Umweltvergiftung durch böses Gerede oder Lügen bewahren. Es warnt uns vor der Verbreitung von Unwahrheiten (z.B. „Rufmord"); es will uns aber auch davor warnen, das Vertrauensverhältnis zu unseren Nächsten mit Lügen zu zerstören. Es will uns positiv dazu anhalten, dass wir unser Reden von der *Wahrhaftigkeit* und von der *Nächstenliebe* bestimmt sein lassen. In diesem doppelten Sinn der Warnung vor Rufmord und Lüge auf der einen Seite und der Ermutigung zu wahrhaftigem, liebevollem Reden auf der anderen Seite hat auch *Martin Luther* das 8. Gebot ausgelegt: „Was ist das? Wir sollen Gott fürchten (= respektieren) und lieben, dass wir unsern Nächsten nicht belügen, verraten, verleumden oder seinen Ruf verderben, sondern wir sollen ihn entschuldigen, Gutes von ihm reden und alles zum besten kehren." Die folgenden drei „Kontrollfragen" können uns helfen, im Sinne des 8. Gebots zu leben:

1. *Ist das, was wir anderen Menschen weitererzählen wollen, von uns geprüft und für wahr befunden worden?*

2. *Muss das, was wir weitererzählen wollen, notwendig verbreitet werden?*

3. *Ist das, was wir weitererzählen wollen, gut für den, von dem wir berichten, und gut für den, dem wir es erzählen?*

FRAGEN UND ANREGUNGEN ZUM NACHDENKEN:

① Wir sprechen bei unterschiedlichen Gelegenheiten häufig über Menschen, die nicht anwesend sind. Solche Gespräche können kurzweiliger „Klatsch" sein, der keinen weiteren Schaden anrichtet. Doch mitunter führen sie

auch zur Verbreitung von Halbwahrheiten, die dann als (üble) Gerüchte –
nicht selten in schlimmerer Form – weitergegeben werden.

- Wir denken über die drei „Kontrollfragen" vom Ende des letzten Abschnitts nach.
- Was würde geschehen, wenn wir und andere Menschen diese „Kontrollfragen" stets „im Hinterkopf" hätten und uns danach richten würden?

② Die Bibel hält uns sehr konkret zum „segensreichen" Reden an: Wir lesen
Eph 4,29 und bedenken die Aussage dieses Verses.

f) Das 9. und 10. Gebot: „*Du sollst nicht begehren* deines Nächsten Haus?" — „*Du sollst nicht begehren* deines Nächsten Weib, Knecht, Magd, Vieh noch alles, was sein ist?"

Diese beiden Gebote haben landwirtschaftlich geprägte Verhältnisse
im Blick („Knecht, Magd, Vieh"). Doch ist die eigentliche Forderung
dieser Gebote in unserer von der Industrialisierung geprägten Welt
nicht überholt. Das Hauptanliegen des 9. und 10. Gebots ist nämlich
in den Worten *„Du sollst nicht begehren"* enthalten.

„Begehren" – was ist das? „Begehren" hängt mit „Begierde" zusammen. Im 9. und 10. Gebot ist insbesondere die „Gier" nach dem gemeint, was einem anderen gehört, was ich aber haben möchte. Die
Wurzel dieser „Habgier" ist der Neid. *Das Gebot „Du sollst nicht begehren" führt uns an die Wurzel des Bösen in uns heran. Es deckt
unseren Egoismus auf. Das eigene Ich vor alles andere zu setzen ist
die gefährlichste Sünde.*

■ *Ich* will die Frau meines Nächsten haben (6. Gebot). Wer so denkt, wird
entsprechend handeln. Er respektiert die fremde Ehe nicht. Er nutzt vielleicht Schwächen des Ehemannes aus und trifft sich heimlich mit dessen
Frau. Er bewegt sie dazu, die Scheidung einzureichen.

■ *Ich* will den Reichtum meines Nächsten haben (7. Gebot). Ein einfacher
Fall: Eine junge Frau stiehlt ihrer Sportkameradin ein wunderschönes goldenes Kettchen aus der Tasche, als sich niemand im Umkleideraum der Turnhalle aufhält. – Ein schlimmer Fall: Ein Räuber vermutet bei einem wohlhabenden Architekten eine gefüllte Brieftasche, überfällt ihn im Dunkeln und
schlägt ihn dabei tot. Das ist „Raubmord" (5. Gebot).

■ *Ich* will der Erste sein: In Wulfshausen gibt es zwei Malerbetriebe. Beide machen sich Konkurrenz. Malermeister Ulrich Bornemann möchte, dass sein Betrieb die „Nr.1" in Wulfshausen wird. Durch Freunde lässt er das Gerücht ausstreuen, dass sein Konkurrent – Malermeister Klapproth – öfters zu hohe Stundenzahlen aufschreibt und berechnet. Zuerst glauben die Menschen in Wulfshausen das nicht, denn bislang konnte sich niemand über zu hohe Rechnungen beklagen. Als das böse Gerücht jedoch immer wieder verbreitet wird, denkt so mancher: „Vielleicht ist doch etwas dran an dem Gerücht." Nach und nach bleiben Malermeister Klapproth die Kunden weg. Wohl kann er sich über Wasser halten, aber Ulrich Bornemanns Betrieb wurde die „Nummer 1" in Wulfshausen – mit Hilfe einer Verleumdungskampagne, und zwar auf Kosten von Malermeister Klapproth (8. Gebot).

Alle diese Beispiele zeigen: Zuerst beschleicht einen Menschen die Habgier oder der Neid. Erst dann kommt es zu Taten, zu Gebotsübertretungen mit entsprechenden Folgen. So wollen die Gebote 9 und 10 „Du sollst nicht begehren" uns warnen, bevor es zu spät ist. Wir sollen  auf unsere „Begierden", auf unsere „Habgier" und auf unseren „Neid" achthaben und zusehen, dass daraus nichts Böses entsteht. Mit dem 9. und 10. Gebot will Gott uns helfen, *uns selber besser zu verstehen* und das Böse in uns schon dann zu erkennen, wenn es sich in unserem Fühlen und Denken breitmacht. Vielleicht gebe ich mich dann meinem Hass und meinem Neid nicht einfach hin (anders verhielt sich Kain: 1.Mose 4,3–8). Vielleicht gehe ich dann in mich. Vielleicht entdecke ich die Wurzel meines Neides und meiner Habgier: *Ich bin unzufrieden, weil ich vergessen habe, mir bewusst zu machen, wie gut es mir geht. Ich bin unzufrieden, weil ich vergessen habe, Gott für mein Leben mit allem, was dazugehört, zu danken.* „Lobe den Herrn, meine Seele, und vergiss nicht, was er dir Gutes getan hat" (Ps 103, 2). Nur der Mensch „begehrt" nicht, was anderen gehört, der dankbar und zufrieden mit dem ist, was Gott ihm in seinem Leben gibt.

EINE FRAGE ZUM NACHDENKEN:

Wir denken über 1.Mose 4,3–8 nach. – Wodurch erhalten wir die Kraft, den in uns auftretenden Begierden zu widerstehen?

g) Der gemeinsame Sinn der Gebote 4–10 (2. Tafel)

Gott gab uns die Gebote nicht, um uns Menschen zu ärgern. Er gab sie nicht gegen, sondern *für uns*. Die Gebote schützen den Schwachen vor der Willkür des Stärkeren. Sie ermöglichen das Zusammenleben vieler Menschen in Frieden. Sie stecken einen Rahmen ab, innerhalb dessen wir unsere Freiheit verantwortlich gebrauchen können. So wie die Verkehrsregeln den Straßenverkehr ermöglichen und Schlimmes verhindern, so dienen die Gebote 4–10 dem menschlichen Zusammenleben, wenn sich die Menschen danach richten. Dem Bösen sind dann Grenzen gesetzt. Ein gutes Zusammenleben der Menschen miteinander ist dann möglich. Die Gebote 4–10 lassen sich zusammenfassen in dem Satz: „Liebe deinen Nächsten wie dich selbst" (Röm 13,8–10):

Wer seinen Nächsten liebt, der wird Vater und Mutter (seine „nächsten" Nächsten) lieben und ehren (4. Gebot).

Wer seinen Nächsten liebt, der wird ihn nicht nach dem Leben trachten, sondern ihm zum Gelingen seines Lebens helfen (5. Gebot).

Wer seinen Nächsten liebt, der wird seinem Ehepartner treu sein, andere Ehen unangetastet lassen und sich um eine gute eigene Eheführung bemühen (6. Gebot).

Wer seinen Nächsten liebt, der wird ihm nichts wegnehmen, sondern zufrieden mit dem sein, was Gott ihm schenkt (7. Gebot).

Wer seinen Nächsten liebt, der wird das Leben seines Nächsten in der Gemeinschaft mit anderen Menschen weder durch üble Gerüchte belasten noch das Vertrauensverhältnis zu seinen Mitmenschen durch Unwahrhaftigkeit aufs Spiel setzen (8. Gebot).

Wer seinen Nächsten liebt, der wird nicht be-

gierig an sich bringen, was seinem Nächsten gehört, weil sein Den-
ken und Fühlen seinem Nächsten gegenüber von Liebe und nicht von
Habgier und Neid bestimmt ist (9. und 10. Gebot).

Die Gebote 1–3 (Liebe zu Gott) und 4–10 (Liebe zum Nächsten) sind
für uns Christen kein Zwang, sondern wir sollen in ihnen *eine Hilfe*
Gottes für unser Leben erkennen. Als Christen werden wir uns bemühen, die Gebote *aus Liebe zu Gott und zum Nächsten* zu halten, wenn
wir Gott nicht aus den Augen verlieren wollen (Gebote 1–3) und ein
gutes Verhältnis zu unserem Nächsten anstreben (Gebote 4–10). So
wie wir selber auch erwarten, dass Gott uns nicht aus den Augen verliert, und dass unsere Mitmenschen gut zu uns sind und uns respektieren: „Der Herr segne dich und behüte dich; der Herr lasse sein Angesicht leuchten über dir und sei dir gnädig; der Herr hebe sein Angesicht über dich und gebe dir Frieden" (4.Mose 6,24–26). „Alles
nun, was ihr wollt, dass euch die Leute tun sollen, das tut auch ihnen!
Das ist das Gesetz und die Propheten (= damit erfüllt ihr Gottes Willen, wie er in den fünf Büchern Moses und in den prophetischen
Schriften erkennbar wird)" (Mt 7,12).

4. Gott liebt uns Sünder

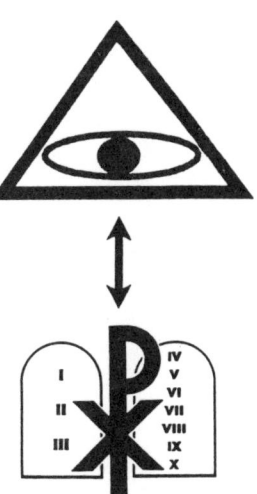

Auch wenn wir uns bemühen, nach den
Zehn Geboten zu leben, werden wir die Gebote doch immer wieder übertreten. Wir
nehmen Gott oftmals nicht genügend ernst.
Wir belügen oder betrügen unsern Nächsten. Wir „tratschen" oder stehlen. Wir denken oft nur an uns selbst. Wir sündigen also. Das können wir ehrlich zugeben. Zugleich wollen wir uns erinnern: *Das Wich-*
tigste am christlichen Glauben sind nicht
die Zehn Gebote und deren Befolgung. Das
Wichtigste am christlichen Glauben ist eine
Person: Jesus Christus. Stellvertretend für
uns war er Gott gehorsam und hat alle Ge-

bote vollkommen gehalten. Er hat Gott, seinen Nächsten, ja sogar seine Feinde ungeteilt geliebt. Um Christi willen vergibt Gott uns, wenn wir seine Gebote übertreten.

In der *Beichte* (s. IV Nr.3d S.124–129) halten wir uns die 10 Gebote wie einen Spiegel vor. Wenn wir ehrlich sind, erkennen wir unser Versagen, unsere Sünde. Wenn wir sie bereuen und bekennen, und uns dann mit den Worten „Dir sind deine Sünden vergeben" Gottes Vergebung zugesprochen wird, dürfen wir fest daran glauben, dass Gott uns Sünder aus Liebe in seiner Gemeinschaft hält. Erneut können wir uns dann vornehmen, unser Leben nach Jesu Lehre zu leben: in Liebe zu Gott und zu unserem Nächsten (s. V Nr.1a S.134–135). Immer wieder werden wir dabei Fehler machen. Doch Gott hat uns durch Christus verkündigen lassen, dass er uns liebt, dass er uns annimmt und dass er uns immer wieder vergibt. *Seine Liebe und Vergebung sind größer als unsere Sünde. Darüber können wir uns immer wieder freuen.*